计算机远程教育的理论与实践应用研究

徐潘萍 ◎ 著

吉林出版集团股份有限公司

图书在版编目（CIP）数据

计算机远程教育的理论与实践应用研究 / 徐潘萍著
. — 长春 ：吉林出版集团股份有限公司，2021.9
ISBN 978-7-5731-0440-3

Ⅰ．①计… Ⅱ．①徐… Ⅲ．①远程教育－研究 Ⅳ.
① G43

中国版本图书馆 CIP 数据核字（2021）第 198387 号

计算机远程教育的理论与实践应用研究

著　　者	徐潘萍
责任编辑	陈瑞瑞　白聪响
封面设计	林　吉
开　　本	787mm×1092mm　　1/16
字　　数	210 千
印　　张	9.5
版　　次	2021 年 11 月第 1 版
印　　次	2021 年 11 月第 1 次印刷
出版发行	吉林出版集团股份有限公司
电　　话	总编办：010-63109269
	发行部：010-63109269
印　　刷	北京宝莲鸿图科技有限公司

ISBN 978-7-5731-0440-3　　　　　　　　　　　定价：98.00 元

前　言

计算机特有的远程教育功能，带有高科技这样的特性。远程架构下的教学，被看成新颖的异地教学。远程教育的延展，更替了原初的教学思路、微机科目原有的授课内涵，也延展了原有的授课面。运用这样的路径，能化解资源欠缺、授课水准偏低、师资不佳等疑难，助推教育的接续发展。

远程架构下的光盘教学，是远程教育固有的根基。教师要明晰光盘教学独有的内涵，在授课时段内，有序去播放这样的光盘内容。组织班内的同学，认真去观看如上的视频资料，以便延展知识面。卫星教学这样的收视点，要建构起准时接收的可用途径，随时存留可用的授课资源。教师要明晰新近的科目内涵，组织班内同学，收听预设的教育栏目。电子平台这一范畴内的新颖资源，也应被接纳并推广。这样的路径，便利了备课时段内的信息搜集、信息归整。电子备课的路径，带有明晰的地方特色。要预设科研范畴内的活动规划，促动师生互通，促动经验的互通，提升原有的运用成效。

要加强原有的授课规制，完善原初的授课模式。从现状看，网络课件特有的制备主体，是电教室原有的那些工作者。他们惯常录制，在制备新颖课件时，还缺失可用的技巧。为此，要强调这一范畴的培训，以便促动水准的提升。从现状看，很多教师还没能完全明晰应用架构下的微机技术。为此，也要供应适宜的培训时机，更替他们的固有观念。要制备可用的规制机制，及时查验并化解授课路径下的多样疑难。强调授课规制范畴内的细节，让同学吸纳优势态势下的微机知识，促动素养的提升。

伴随科技的延展，网络架构下的远程教育，也渐渐被接纳推广。成人教育这一范畴内的远程教育，带有广泛的特性。微机技术及特有的通信技术，被用在如上的教育路径下，凸显出了远程教育固有的优势。为此，有必要明晰远程教育现有的运用弊病，在这样的根基之上，摸索出可用的教学途径。

作　者

2021 年 3 月

目 录

第 一 章　计算机远程教育的理论研究

第一节　计算机远程教育的问题

计算机远程教育又称网络教育，是建立在计算机网络技术基础上的新型教育方式，是实现高等教育大众化的有效途径和满足社会终生教育的重要手段。网络教育通过完成规定的课程学习任务，考试合格获得学分，达到规定的总学分后，可毕业，学历证书电子注册后国家予以承认。符合学位授予规定的学员，同时获得学士学位证书。远程教学不仅打破了传统的时空限制，也能充分利用高质量的教育资源，最大限度地发展教育功效，所以是现在也是未来的重要的教育手段。

一、远程教育的特点

（一）资源利用最大化

各种教育资源库通过网络跨越了空间距离的限制，使学校的教育成为可以超出校园向更广泛的地区辐射的开放式教育。学校可以充分发挥自己的学科优势和教育资源优势，把最优秀的教师、最好的教学成果通过网络传播到四面八方。

（二）学习行为自主化

网络技术应用于远程教育，其显著特征是：任何人、任何时间、任何地点、从任何章节开始、学习任何课程。网络教育便捷、灵活的"五个任何"，在学习模式上最直接体现了主动学习的特点，充分满足了现代教育和终身教育的需求。

（三）学习形式交互化

教师与学生、学生与学生之间，通过网络进行全方位的交流，拉近了教师与学生的心理距离，增加了教师与学生的交流机会和范围。并且通过计算机对学生提问类型、人数、次数等进行统计分析，使教师了解学生在学习中遇到的疑点、难点和主要问题，更加有针对性地指导学生。

（四）教学形式修改化

在线教育中,运用计算机网络所特有的信息数据库管理技术和双向交互功能,一方面,系统对每个网络学员的个性资料、学习过程和阶段情况等可以实现完整的系统跟踪记录;另一方面,教学和学习服务系统可根据系统记录的个人资料,针对不同学员提出个性化学习建议。网络教育为个性化教学提供了现实有效的实现途径。

二、远程教育的主要方式

电大,函大:在传统的信息渠道上建立的教育体系模式。第一次使人们知道获得知识不一定需要一个固定的教室,但仍以"教"为中心,即使有学习的反馈也是周期长、效率低。有线电视:带宽大,传输快,对多媒体的数据传输有很好的适应性。但是仍是单向传输,交互性差,影响教师与学生、学生与学生间的交流。现在正在研究 cable modem 基于有线电视网的双向传输。远程卫星转播:卫星通信技术与局域网的联系使用,适用于有组织的定期下载信息在局域网内浏览。Internet:依靠全球互联网或局域网互享资源,交流传递信息。这是目前发展最快、优点最多,也最有前景的远程教育信息载体。

三、远程教育的优势与不足

（一）远程教育的优势

1.学习目标明确

正因为选择远程教育的都是已经就业的上班族,他们对自己的专业、专长、特点等均已经有了大概的认识,不像高中毕业时那样对未来要走什么路完全没有概念,所以很多人在选择专业时都是盲目的。有的学生毕业后也没有从事本专业的工作,这在一定程度上造成了学习资源的浪费。但远程教育就不同,大家可以根据自己已经从事的工作选择专业,进一步提高自己所从事专业的理论基础和实践能力。假如你不喜欢目前的工作,也可以换专业学习,为以后的"转型"打好基础。

2.根据工作情况学习,非常灵活

远程教育的方式无疑是非常灵活的,它不需要你固定时间去上课,任何人、在任何时间、任何地点、从任何章节开始、随意选择学习任何课程。在学习模式上最直接体现了学习和主动学习的特点,充分体现了发展中的现代教育和终身教育的基本要求。即使你可能因为工作或生活原因暂时无法完成必要的课程,远程教育也可以推迟或延长学习时间。

3.学习方便

互联网已经进入千家万户，通过网络教育无疑是最简单、方便的学习方法，因特网中信息源与用户、用户与用户之间可以进行全方位的、能动式的实时互动，即主动、可控型交流。网络的这一重要特性，使网络教育成为唯一的、真正的在教师与学生、同学与同学之间，实现双向互动、实时全交互的远程教育方式。计算机网络具有强大的采用文字、声音、图表、视频、动画等多媒体形式表现的信息处理功能，包括制作、存储、自动管理和远程传输。将多媒体信息表现和处理技术运用于网络课程讲解和知识学习各个环节，使网络教学具有信息容量大、资料更新快和多向演示、模拟生动的显著特征，这一点是有限空间、有限时间的其他传统教学方式所无法比拟的。

4.广交学友

进入远程教育的都是对自己有更高要求的，相对来说在工作上均是有一定成就的人。远程教育这种方式把这群人集中在一起，通过学习使大家相互交流，也可以相互学习。通过集中授课进行面对面的交流，通过建立 QQ 群进行网上交流。远程教育所建立的是一个优秀的集体，因为这个集体里的每一分子都是爱学习、有上进心的、对未来充满希望的青年。

5.费用便宜

相对于普通高校而言，远程教育仅按学分收取学费和必要的教材费用，不需要额外的学杂费、住宿费等，对于刚刚参加工作的人来说，这笔节省下的费用也不容小视。因此远程教育的低学习费用也为学子减轻了工作压力。

（二）远程教育的缺点

主要表现在：网上教育的科目较少、内容也较简单且易流于呆板，不生动，缺乏网络课程应有吸引力的优势；网络课程内容更新的速度慢，往往几个月都维持原状；课程的交互程度低，网上通常都是些以文本方式出现的课件，偶尔有些高校制作了实时点播视频课件，却多是收费资源；上网的课件一般内容较分散、缺乏系统性；上网课件的可重复利用性小，不利于与其他资源共享等。

四、远程教育学习应该注意的事项

一是应熟悉计算机操作，习惯于在网上阅读学习，能够熟练操作常用的系统和软件。二是具有一定的自制能力。特别是在没有人监督的情况下，能够自主学习，坚持学习。三是学习要有一定的计划性，制定学习计划或时间表，按照学习安排表定期定时学习，保证能够顺利完成学业。

第二节　计算机远程教育与多媒体

随着知识经济时代的来临,利用网络进行远程教育得到迅速的发展,尤其在成人的学历教育上更是跨度比较大。特别是计算机技术、通信技术和多媒体技术在现代远程教育中的应用,给现代远程教育带来了前所未有的发展机遇。本节试结合我国远程教育的实际,简要探讨计算机远程教育与多媒体技术的现状与发展。

在知识经济迅速发展的今天,掌握知识的人才日益成为国家繁荣、民族振兴的决定性因素和主要资源。而远程教育这一基于计算机技术和通信技术的教育方式,正以其自身优势,成为现代教育的一个亮点。远程教育是现代多媒体教学与网络技术相结合的产物。在现有的高等教育条件下,采用网上现代远程教育形式,扩大高校教学覆盖面,可以有效地缓解我国教育资源的不足与信息化时代巨大的社会教育需求之间的矛盾。本节仅对其手段改革、实施的必要性、存在的困难、方法等诸多问题作一概述,并着重阐述计算机远程教育中应加强使用多媒体技术。

中国的远程教育试点了十年,还没有正式批准,这一教育现象在中国也是少有的,即便中国网络远程教育发展趋势缓慢,但仍不失上升态式,以 EDU 域名注册的网站以每半年增加几百家左右的速度向上攀升。从这一显而易见的角度来看,早在1998 年,教育部颁发的《面向 21 世纪教育振兴行动计划》文献中就指出:大力发展我国网络远程教育,同时为加快这一步伐,同意社会力量或外资介入这一领域。着眼于未来的互联网领域,教育是一个十分令人看好的投资方向。现实证明了这一计划的可行性。

与发达国家相比还有一定差距。我国远程教育主要集中于基础教育,在发达国家,未来教育的主体是高等教育、教育、继续教育,像在美国,就有五千万成年人在进行远程学习。在过去五年中,美国的网络大学增加到 300 多所,约有 80 所大学允许通过网络学习获得学位,目前在中国一流水平的大学如北大、清华、上海交大、北京邮电大学等也都已经开展远程教育或网上大学的招生工作。

一、远程教育实现手段的发展

（一）远程教育的发展

基于数据网络的计算机远程教育研究始于 20 世纪 80 年代后期,90 年代步入实践。我国远程教育规划是 1997 年经酝酿提出的,1998 年正式批准立项,1999 年是这整个项目启动的关键的一年。规划的目标是到 2000 年通过网络互联 10 130 所各级学校，并使 8 000 所贫困、边远地区的中小学具备利用卫星上网的能力。目前，我国的清华大学、北京大学、湖南大学、浙江大学等一大批大学建立了自己的远程教育实验室或远程教育中心，基于综合数据网的远程教育研究正在部分院校蓬勃发展。

（二）远程教育的技术实现

计算机网络，这个支撑网络远程教学系统的物质基础，一般来说，都具有下列组成部分：

（1）接入部分：主要设备是路由器，主要作用是通过网络专线将整个网络接入 Internet，从而使本网的用户能够访问 Internet 资源，而其他网络用户能够访问本网信息。

（2）交换模块：是整个网络连接与传输的核心，主要的设备有主干交换机、分支集线器和连接各模块的网络电缆，由它们组成整个骨干网络。

(3) 服务器：主要负责信息的搜集、储存、发布，它们是对外提供教学与信息服务的主要实体，一般有 Web 服务器、FTP 服务器、E-mail 服务器、DNS 服务器、数据库服务器等。

（4）网络管理：主要对整个网络进行监控、运行性能的检测、故障的预测和诊断等；计费模块主要是记录网络使用者的资费信息，以控制网络资源的有偿使用。

软件部分：

（1）多媒体授课系统从功能上可以分成两部分：一个是课件点播系统；一个是同步广播授课系统。

（2）师生交互工具：a、共享白板：软件共享白板是一个为在 Internet 环境进行教学的教师和学生提供文本以及图形共享的区域。教师可以将一张图片贴入共享白板中，并利用系统提供的特定画图工具和文本输入工具，在所贴的图片上进行标记、说明。教师端的白板中的图形和文字可以通过 Internet 同步传递到交流环境中的其他学生端白板中。b、语音、视频交互：语音交互是异地师生之间一种有效的交流方式。为了增加师生教学过程的生动性，也需要师生间能够看到各自的视频图像。教师可以任意选择特定的学生端视频。c、同步浏览：在交流过程中，能够提供同步浏览的机制。教师可以通过键入 URL 地址并将该地址传播到同一交流环境中的所有学生端浏览器，使得学生端的浏览器与教师端的浏览器达到同步显示。d、网络题库系统：基于 Web 的题库系统用于支持教师和学生通过网络进行组卷并进行各种类型的测试。可以根据不同的测试目的提供相应的组卷策略，包括智能组卷、相对评价组卷、绝对评价组卷,教师通过网络自动组卷后,下载到本地进行使用。

（3）答疑系统。问题通过电子邮件的方式发送给主持这门课程的学科教师,教师对该问题进行回答后,系统将自动将解答发送到学生的电子信箱。或将问题公布在答疑布告牌上,征求解答,有人对其解答后,系统将通过电子邮件通知该学生。

（4）作业批阅系统。作业批阅系统是基于 WWW 的协作式作业批改系统,学生可以通过该系统提交作业,获取作业批改结果,并根据教师建议来修改和编辑作业。

（5）网络课件写作系统。开发网络课件写作系统的主要目的是方便不具有专业编程经验的各站点教师去编制教学软件。教学单位或教师可以通过该软件抓取的素材来构建网络课程或网络教学模块。在该平台上构建的网络课程,就能直接在网络上运行。

（6）远程考试系统。远程考试系统是教学信息反映的重要手段,通过考试可以将学生的学习进展状况反馈给系统。

（7）远程作业系统。在学生的学习过程中,作业的布置、提交与批改是非常重要的一环,老师可以通过作业系统得到教学系统的反馈,既可以了解不同学生的学习情况,以便因材施教,又可以发现教学过程或课件中存在的问题,并采取措施加以修改完善。

二、多媒体技术的发展

多媒体是 90 年代兴起的热潮,以往的计算机通过视觉才能接收信息,后来增加了"听"的功能,人们才把具有"视听"两种以上功能的计算机称之为多媒体计算机,并把这种技术称之为多媒体技术。近年来它的发展非常迅猛,从一台计算机到局域网乃至国际互联网络,都可以使用。多媒体技术改变了微计算机多年来生硬、呆板的脸孔,换上了丰富多彩、声情并茂的漂亮面容,就其功能可以分成两类:

只具有"视听"功能,这种类型的计算机及其网络运用于教学,除能使用以往靠多种设备、技术实现的课堂多媒体教学集计算机于一身,具有集成性的特点外,其明显的优势是还具有及时性、交互性、信息量大和能够进行个别化教学的功能。

具有"虚拟现实"功能,这一类计算机多媒体技术除具有"视听"的功能外,还具有让人动手"做",充分发挥人的"触觉、机体觉、平衡觉"等感觉器官的功能,让人们在"做"中学习知识、掌握技能。

三、我国教育领域必须加强计算机远程教育的应用

计算机远程教育是教育领域的国际发展趋势。Internet 网的发展极为迅猛,在发

达国家和地区普及率较高,美国、英国、芬兰、瑞典等国家均提出了基于互联网的远程教育计划,并已开始逐渐实施,而发达国家推出的这些远程教育计划并不局限于基础教育和高等教育领域,而且是利用现代化手段提高国民素质的重要手段。面对这一国际潮流,我国教育管理部门和广大教育工作者不应落后,应追踪国际上先进的教育思想、教育手段和教育方法。

实施计算机远程教育是中国国情的需要。我国是发展中国家,教育资源比较紧缺,现有教育资源远远不能满足需求。而采用常规的措施和方法,例如建设学校、增加学校数量,所需投入太大,短时间内不能解决问题,特别是高等教育的大众化、普及化。

实施计算机远程教育也是教学改革的需要。众所周知,我国教育资源不但紧缺,而且发展极不平衡,利用远程教育可以消灭贫困校、薄弱校,达到教育资源在一定程度上的共享,打破教育资源不平衡的局面,以比较快的方式、方法扩大教育规模。

利用远程教育体系也可以提高国民素质,实现"终身教育"的目的。

四、计算机远程教育必须加强多媒体技术应用

远程教育上网资源是主要的,简单的重复书本是没有出路的。而解决此问题,笔者认为必须合理地使用多媒体技术。

(一)加强多媒体课件的开发应用

多媒体技术设计和编制的新一代 CAI 系统,具有综合处理图、文、声、像的能力,改变了原来 CAI 中将知识仅以单一视觉或符号表现的方法,使学习者能通过多种感官获取知识信息,增强理解能力,提高教学效率。应用多媒体技术编制的 CAI 系统即称之为 MCAI 软件,亦称课件。

在大专院校和中小学形成专门从事 MCM 课件开发的研究机构。据了解,以前从事 MCAI 课件开发的单位主要有两类:一类是传统出版社的电子出版部门;一类是软件制作公司或多媒体技术开发公司。由于强调市场,重视效益,其开发的产品给人的感觉是深入教学不够。实际上,大专院校和中小学完全可以根据大纲的要求,制定相应的课件标准,分工协作,组织精兵强将进行开发,经试用修改不断完善。通过鉴定后,批量生产教学光盘,并将其放到网上,达到教育资源最大程度上的共享。

统一的 MCAI 的技术标准。现阶段 MCAI 课件的制作技术五花八门,大多是手工编辑,费时费力,效率较低,虽然一些多媒体创作工具不断推出,但其适应面还是受到一定的控制。因此,有必要统一 MCAI 课件技术上的一些标准,如硬件配置、软

件环境、创建工具、多媒体素材、文件的格式等。目前教育部基础司正在研究一种"傻瓜开发平台",容易上手,适合中小学教师进行 MCAI 开发。

研究智能型 MCAI 课件。随着计算机人工智能技术的发展,应在 MCAI 课件中加强专家系统和人工智能技术应用。它模拟教师,服务对象是学习者,允许学习者与计算机进行广泛的交互活动,它可以为学习者提供一种新型的学习环境,能根据学习者的特点和学习风格采用不同的教学策略,能对学习者的学习状况进行评估,以满足学习者不同的需要。

（二）适当应用多媒体虚拟实现技术

现在,全世界已有 2 000 多研究单位、大学公司开展了虚拟现实研究与开发技术。

通过远程教育,将虚拟现实技术应用于艺术、医疗、建筑和工程、军事研究、金融分析等领域。例如在医学领域,虚拟现实技术代表未来发展的方向,借助它能够满足大批学员们动手操作的愿望。在外科手术中,通过虚拟现实系统,可以看到或感觉到微电脑生成的以假乱真的三维立体图形,交互作用的"触觉"功能使外科医生身临其境地进行"手术",得心应手地在荧屏中开刀。

建立虚拟远程教育环球网,它的使用与互联网相似。只要在浏览器中键入虚拟现实网络地址就可以相连。例如,当进入某虚拟太阳系环境的网站时,可以看到各恒星的分布,感觉就如同亲身在太空中漫步。

计算机多媒体技术及其网络教育系统,能使以往靠多种设备技术才能实现的课堂多媒体教学集计算机于一身,并能与现代通信设施形成网络,构成全方位、多渠道、交互式的远程教育系统。人们称它的出现使教育技术跨进了一个新的时代,成为教育领域的一次革命。

第三节　计算机远程教育与流媒体

介绍了现代远程教育的发展现状和流媒体技术应用的必要性,阐述了流媒体技术的概念及技术特点,在分析现代远程教育系统技术方案的基础上,探讨了流媒体技术在同步、异步教学,特别是在视频课件点播方面的应用,并指出点播系统的软、硬件方案以及制作视频课件的方法,提出了远程教育系统中的实时广播、视频点播等解决对策。

信息技术与网络通信技术的不断发展,为现代远程教育注入了新的生机和活力,也带来了远程教育中教学观念和方法的深刻变革。网络远程教育突破了传统教育在时间和空间上的局限,扩展了教育环境,从真正意义上实现了教育资源的共享。

网络远程教育从教学传播角度可分为同步、异步两种教学模式。异步教学模式采用 Web 浏览技术,工作人员先将多媒体课件放到服务器上,用户只需将其下载到本地计算机上,需要观看时再进行播放,这种模式下学生可以选择合适的时间学习。很多教育网站都是采用异步教学模式,由于多媒体信息的数据量大,在目前网络接入速度较低的情况下需要很长时间将课件下载到本地计算机上,而且需要占用大量的存储空间,给用户带来不便。同步教学模式即是让每个学员都能感受面对面教学,既可以和其他学员协作学习、讨论问题,又可以和授课教师实时交流。这种模式要求教师授课场景、授课文字、图片、声音、动画等内容都要实时通过网络传向单机,学员的问题和意见也要实时反馈给远方的教师。要做到在同步教学模式中实时传播课件,解决异步教学模式中的不足,流媒体技术给出了很好的解决方案。

一、流媒体技术

(一)流媒体技术概念及特点

所谓流媒体,是指在 Internet/Intranet 中使用流式传输技术的连续媒体。流式传输表示声音、影像或动画等媒体信息,由音视频服务器向用户计算机连续、实时的传送。由于数据在发送即时播放,解决了多媒体播放时数据下载的时间延迟问题。流媒体实现的关键技术是流式传输。流媒体传输技术是一种基于时间的连续实时传输技术,其关键在于网络数据传输和用户播放的并行性。采用流媒体技术,能够有效地突破低比特率接入 Internet 方式下的瓶颈,克服文件下载传输方式的不足,实现多媒体信息在 Internet 上的流式传输。

流媒体服务器把连续的影像和声音信息经过特殊的压缩方式分压成一个个压缩包,再向用户计算机连续、实时地传送。让用户一边下载一边观看,该技术先在用户端计算机上创造一个缓冲区,在播放前预先下载文件的一小段作为缓冲,播放程序取用这一小段缓冲区内的数据进行播放。在播放的同时,多媒体文件的剩余部分在后台继续下载填充到缓冲区。这样,当网络实际连线速度小于播放所耗用数据的速度时,可以避免播放的中断,也使得播放品质得以维持。所以,流媒体最显著的特征是边下载、边播放,流媒体传输的实现需要特定的实时传输协议,其采用 RTSP、RTMP 等实时传输协议,更加适合动画、视音频在网上的流媒体实时传输。

（二）流媒体技术解决方案

到目前为止，Internet 使用较多的流媒体格式主要有 Real Networks 公司的 Realsystem、Microsoft 公司的 WindowsMediaTechnology、Apple 公司的 QuickTime 和 Adobe 公司的 Flash Media。

笔者采用的 Adobe Flash Server 系列产品是流视频和实时通信领域业界领先的解决方案。Adobe Flash 平台无处不在，它通过与全球 98% 的计算机采用的 Adobe Flash Player 运行时紧密集成，几乎跨所有操作系统和屏幕，提供了丰富的查看体验。Flash Media Server 是一种流媒体服务器，但它的互动性显然是其他流媒体服务器所不及的。它不但可以有效处理视 / 音频数据，而且可以进行文本数据的实时通信，更加有利的是它可以将流媒体能力和其他应用程序服务器集成在一起，从而可以创建功能强大的富流媒体应用程序。其主要格式 Flv 文件体积小，CPU 占用率低，使其成为互联网上非常流行的格式。

（三）利用流式媒体技术实现远程实时教学

远程课堂教学是现代远程教育的一个重要环节，在 Internet 上利用流式媒体技术能较好地实现实时教学，学习者可以不受地点的限制，在任何一台多媒体计算机上接受课堂教育，构成面对面的教学环境。这样可以让各种教学手段和信息媒体如语言、文字以及作为辅助的图形、图像、动画、视频等完整地展现给学习者，给学习者提供多重感官刺激，激发其学习兴趣，调动深层次思维，加深对所学内容的理解，教师也能及时发现学生信息，进行课堂教学调整。

在远程教学平台中，Flash Media 编码器将实时授课的视频信号和音频信号进行实时压缩编码，生成实时的 Flv 格式数据流。编码输出的节目流直接送给 Flash Media Server 实现网上广播，远程的学生启动嵌套有 Flash Player 的网页实时收看。远程教室中通过视 / 音频采集，将远程课堂情境转化成数字信息发送给实时授课教室，实时授课教师通过实时教室中的反馈系统实时了解远程学生的课堂效果，便于课堂教学的调整。

二、远程教学系统平台实例分析

构建一个基于 FlashMediaServer 的远程教学系统可以分为远程服务中心、用户子系统和网络连接等几大部分。服务中心由远程教育资源服务器、Flash Media 编码服务器及视 / 音频采集工具等组成。用户子系统包括远程教室，其中有安装了视 / 音频采集设备的教师机和学生机，还包括远程学生端；网络连接包括支持多点广播协议的路由器、交换机等进行校园网、Internet 和远程专线的连接。每一个远程教育系统的设计方案，其特点是要求既能进行点播及讨论等服务，又能够进行实时教学双边活动。笔者认为，远程教学系统平台设计应包括远程实时授课、视频点播、课程辅导、课程讨论等内容，其中实时授课与视频点播是视频资源与学习资源的并发传输，即视频资源播出的同时，学习资源亦是同步展示。

（一）系统需求分析

在分析问题时，对视频服务器、资源服务器、平台服务器没有过多区分，读者可自行查找资料进行细分。服务器端配置要求：①硬件。P4 2.4GHz、1G 内存、百兆网卡、7200 转 IDE 硬盘、视频获取设备；②软件。Windows XP、TCP/IP 协议、Internet 信息服务（IIS）、SQL Server 2005、Flash Media Server 3 流媒体服务器、Flash Media Encoder 流媒体编码器和 Macromedia Flash Player。

1. 系统功能分析

远程教学平台的功能结构主要包含以下几方面：①用户管理。对系统用户进行分角色管理，包括用户注册和登陆功能，查看和修改用户信息，记录用户登陆、退出时间及行为日志等信息；②实时课堂。包括教师教学过程的现场录制，课程资源展示，视频时间标签控制同步，资源展示控制等；③视频点播。包括视频信息列表展示，资源展示界面模式选择，视频时间标签控制同步，学习笔记等功能；④课程辅导。包括 FAQ 常见问题解答，在线交流，留言交流，邮件系统等；⑤课程讨论。包括在线实时交流、BBS 讨论区等功能；⑥课程管理。包括课程资源上传，资源编辑更新等功能。

2. 系统流程分析

系统工作流程用户角色分为三大类：管理员、教学者及学习者。在系统平台首页中用户可以输入自己的账户和密码，系统会根据用户输入的信息在数据库中搜索，确定用户是否为本系统用户并判断用户角色。如果不是，根据系统的导航，会进入用户注册界面，用户可以按照用户界面的导航填写用户信息，注册为本系统的用户，重新登陆。如果是本系统的用户，将会进入属于自己的学习页面。在这里，用户可以管理自己的个人信息，如修改密码、在线交流信息；查看和搜索课程信息，点播相应的课程资源；还有在线交流，提出自己在学习中的问题，相互讨论等。如果是管理员，系统会进入管理员页面，查看当前系统中已注册的用户信息、课程信息、课件信息及课程视频资源信息，还可以添加其他管理员。

（二）流媒体文件的制作与发布

1. 基本制作过程

基于 Flash Media Server 3 流媒体服务器，无论是制作实时视频流，还是制作点播视频，其从摄制原始镜头到流式内容转变大都要经过以下过程：启动流媒体服务器、编码器；由摄像头或录像机取得视频信号，对教学过程进行录制；通过专用线路将它们送到视频采集卡，由视频采集卡将模拟基带视频信号转换为数字视频信号；负责编码（压缩）的视频编码器将收到的数字视频信号压缩成所需要的流媒体格式，同时发送给流媒体服务器；流媒体服务器将视频信号发送给提出请求的客户机或将压缩后的视频数据存放在服务器上；利用服务器视频流进行实时教学。

2. 视频点播功能

（1）视频课程列表功能。以视频缩略图、标题及摘要方式列出所有视频信息（包括实时与非实时视频流），用户点击课程标题或图片就能进入该课程的内容简介，以及进入其播放界面。在播放界面中，若视频有与之相关的教学资源，则以一定的框架方式进行整合。

（2）播放界面的设计。视频教学系统的播放界面是该系统的核心部分，视频教学系统最主要的功能——流媒体播放功能在这里实现。该播放界面以一种框架的形式出现，模拟课堂教学环境，可以集成教师授课的录像（视频）或录音（音频），在重点区域同步出现讲稿（如幻灯片、Web 页），并且和服务器端程序结合起来，提供 BBS、论坛和 Email 等实时和非实时的交流（教师和学生之间、学生之间）。该播放界面包括以下四个部分：①媒体播放模块：嵌入控件播放流媒体内容，一般是教师授课录像或录音；②内容导航模块：显示授课课程章节名称、知识点结构；③内容展示模块：用于与流媒体内容播放同步显示的讲稿内容，一般将授课要点转化成网页或 PowerPoint 幻灯片形式的电子教案；④交互模块：用于教师和学生、学生和学生之间的交流，有实时交流的聊天系统，也有非实时交流的论坛、邮件系统。

随着计算机网络技术的不断发展，远程教育将会逐渐成为人们生活中的重要组成部分，流媒体技术则是现代远程教育中不可或缺的部分，因为互联网上大部分的多媒体信息将以流式传输方式为主。在分析现有远程教育方式的现状及流媒体技术的特点的基础上，提出可行的远程教学系统平台建设方案，利用通用远程教学平台为基础，加入流媒体现场直播、视频点播等功能，使得远程教学平台更具普适性，为远程教学平台的设计与制作提供有效的参考。

第四节　计算机类课程远程教育

高校计算机远程教育，是凭借计算机设备和互联网技术对学生进行远程的信息化教学模式。与传统的教学模式相比较来说，计算机远程教育在培养学生信息加工分析、创新利用方面有着传统教育无法比拟的优势，是异地远程教学的一种主要教学方法。计算机由于传播信息的便捷性和信息资源共享性等特点，高校教育工作者尤其要从计算机教育特点出发，结合教学实际相关问题，充分发挥计算机的优势特点激发学生自主性学习。

当前，我国高校计算机远程教育是以网络信息平台，用网页形式的方法来实现教育的。这种教学手段是我国网络教学的一大特点，但同时也因其静态的网页形式和线性的组织形式对网络教育平台的发展有着一定的局限性，这种教育性的计算机网站和设计，很难对学生的兴趣爱好和学生学习能力做出准确的评估。就诸多的计算机网络教育平台而言，其信息的传播和课程的编排对学生知识能力的培养是被动和局限的，学生不能通过平台实现彼此之间的相互交流和讨论。只是简单的网页教学板块，很难根据学生的自身特点制定出不同的教学内容，让学生有选择性地学习，不利于学生知识技能的发展。

一、高校计算机远程教育的特点

（1）教学方式便捷，授课灵活性强。计算机远程教育是凭借网络信息平台加以实现的，在网络的每一个终端点上，都可以凭借信息传播的手段进行交流和沟通，这种教学手段既省时又有效，不但可以实现师生之间的交流，同时学生与学生之间也能进行有效的沟通。这种广泛的交流平台不但可以帮助学生获取有效的信息和知识，同时教师也能及时有效地帮助学生解决各种难以理解的问题，帮助学生制定有效的学习计划，提升学生的学习质量和学习效率。

（2）计算机远程教学资源丰富。在计算机远程教育的信息平台上面，教师应该发挥好信息传播的有效性，为学生在教学系统中提供丰富的教学资源，让学生在学习中根据自己的实际需求从教学资源中找到需要的问题答案。这样不但可以提高学生自主学习的主观能动性，同时有利于培养学生的创新性思维，把枯燥乏味的传统教育模式转化为趣味无穷的素质教育。

（3）充分发挥多媒体综合性特点。计算机远程教育当中，教师要充分发挥引导者的作用,让学生不再是纯粹地在教学资源中寻找自己想要的答案,而是运用教学资源创新性地解决实际问题。如可以运用多媒体相关技术,将图形、声音和文字有效地结合在一起,从视觉、听觉上面进行多感官的学习,如此不但可以提高学生学习的趣味性,同时对学生的创新能力的培养和学生素质能力的提高有着很大的强化作用。

计算机远程教育相对于传统的教学模式来说,更加受学生的欢迎,所取得的教学效果也是传统教育无法比拟的。然而在实际的教学当中依然存在着诸多问题,教学操作中应该扬长避短,充分发挥计算机远程教育的优势。

教学互动性差。当前,计算机远程教育所采用的主要形式是远程视频教学。网络视频教学的一个最大特点就是教师的授课时间和学生的听课时间不是处在同一时间,同时教师所授课的内容又不能录制下来,所以,这种授课模式对学生其他的课堂安排有着一定的影响。另外,计算机远程教育的视频教学方式是通过学生观看相关的教学视频来加以实现的,这种教学方法有着很大的局限性,学生和教师不能够进行有效的交流,往往学生不懂的地方,教师也不能及时有效地进行合理的解释,很大程度上影响了教学效果。

教学内容不及时。在计算机远程教学过程中,许多的网络教学平台出现了这样的情况,在网络平台初期建立的时候,平台构建者会在平台上放置丰富的教学资源。然而,当平台运行到步入正轨的时候,平台构建者就开始放任不管了,导致网络平台上诸多信息与学生现实需要不相匹配,难以满足学生的现实需要。

教学资源参差不齐。计算机利用信息传播的有效手段,在计算机远程教育过程中,教学系统里面有着丰富的教学资源。然而对于学生的实际需要来说,就显得非常杂乱,学生在学习的过程中变得无所适从,由于学生自身能力有限,许多资源让学生难以选择运用,造成学生对相关知识难以理解和消化。

二、计算机远程教学的有效方法

(1)开展视频会议进行课堂教学。对于视频教学中存在的单项性教学问题,开展视频会议教学能够对问题进行有效的弥补。开展视频会议教学,能够实现教师和学生的相互交流,教师能够及时地帮助学生解决课堂问题,按照学生学习的实际情况,调整课堂教学计划。

(2)及时更新授课内容。在网络信息平台上面,网络平台的构建者根据学生的实际需要指定有效的教学资源。同时,在平台上收集学生使用的信息反馈,及时了解学生的实际需要,从而针对学生的不同需要改进必要的教学资源和教学方式。

(3)提高教学资源的质量。网络平台丰富的教学资源并不是越多越好,对于不同学生的不同需求,资源丰富并不是解决问题的有效手段。要改变这一现状,就要求教育工作者共同努力,对网络的平台的教育资源进行有效的甄别和筛选,保留符和学生实际需要的资源,对不符合学生需要的其他内容进行删除,保证网络平台资源具有有效针对性,继而提高学生的学习质量和效率。

计算机远程教学虽然有着诸多的教学优势,但在实际操作中依然出现了不少问题,这就要广大师生共同努力,对计算机远程教育的各种资源进行有效的整合,在摒弃不足的基础上,发挥计算机远程教育的优势和长处,把计算机远程教育的教学质量提到更高的一个层次。

第五节　计算机远程教育与开放式教育

最近几年,计算机开始逐步进入教育领域,最为成功的就是计算机远程教育。教育事业是直接关系到国家未来发展的事业,而开放式教学是为了实现教育的灵活性而提出的一种教学模式。随着时代的发展,开放式教育教学模式逐渐为更多人所认同的同时,高校的开放式教育教学模式也面临着改革的问题。本节从计算机远程教育与高校开放式教育教学基本概念出发,对计算机远程教学与高校开放式教育教学模式改革的联系进行了分析。

全球发展一体化以后,我国面临的来自国际的竞争越来越激烈,而不管是哪个行业、哪个方面的竞争,归根结底都是人才的竞争,这让我们更加意识到教育的重要性。高校是为社会培养人才的重要环节,高校教育教学模式问题对于国家的发展也有一定的影响作用,所以,面对社会的改变,高校的教育教学模式通过改革来实现与社会的需求相适应是非常重要的。计算机的引入在高校开放式教学教学模式的改革中将发挥重要的作用。

一、计算机远程教育对高校教育教学模式改革的作用

计算机远程教育的引入为高校的教育教学模式改革提供了更多的可行性,计算机远程教育对高校开放式教育教学模式改革的作用主要体现在以下几点:

(一)计算机远程教育为高校开放式教育教学模式改革提供基础保障

空间和实践的开放性是高校开放式教育教学模式改革中的基本要求,由于今天的大学生面对的就业压力越来越大,所以说更多的大学生选择了在校期间增加社会实习机会,一方面提高自己的实践能力,另一方面也可以为毕业后的就业做好足够

的准备。这样一来，冲突的大学课程与社会实习机会之间的选择往往让学生为难。但是通过高效开放式教育教学模式的改革，学生就可以实现时间和空间上的协调，很好地缓解这种冲突，这就需要计算机远程教育的应用。

根据上面提到的计算机远程教育的概念可以发现，通过对计算机和网络的应用，就可以突破时间和空间的阻碍，这样，学生就可以选择自己最为合适的时间和环境，对教师的课业内容进行学习，既不影响自己的实践机会，也不会耽误课业学习。可以说，没有计算机远程教育，这一点基本是不可能实现的，因此我们认为，计算机远程教育为高校的开放式教育教学模式提供了基础保障。

（二）计算机远程教育丰富高校开放式教育教学模式改革的形式

在为高校开放式教育教学模式改革提供基础保障的同时，计算机远程教育也丰富了开放式教育教学模式改革的形式。在传统的开放式教学中，学生在课堂上的自主讨论、课堂教学的角色换位等都是整个教学过程中的重要形式。但在现在的开放式教育教学模式改革中，由于计算机远程教学的应用，这些形式可以获得极大的丰富。

首先，学生可以在不同的环境下接受教育，这就可以非常容易地实现开放式教育教学模式中的情景模拟，教学过程中可以把学生安排在学习中所涉及的特定场景之中，这样学生对于所学知识的感知能力和理解能力就会更准确，利于学生知识的学习，这也正是开放式教育教学模式运用的目标；其次，学生可以在实践操作场景中通过计算机远程教育来获得教师的指导。实习是学生大学学习中不能缺少的一个过程，也是开放式教育教学模式下的教学方式之一，但是之前学生的学习一般需要教师的现场跟进，以方便教师的及时指导，这样，就增加了教师的教学负担，也不利于教师对其他工作的开展，但是通过计算机远程教育，教师就可以脱离实习场地，但不会影响对于学生的指导。总之，计算机远程教育对于高校开放式教育教学模式改革形式的丰富起到了重要的作用。

（三）计算机远程教育是高校开放式教育教学模式改革实行中的重要监督手段

计算机远程教学也是高校开放式教育教学模式改革实行中的重要监督手段。由于开放式教育教学模式的运用，学生很有可能不在教室的控制范围内，根据现实的情况，学生的自制能力在一定程度上还需要有很大的提高。这样，学生就容易出现不学习或者不按规定完成教学任务的情况，这种情况下，计算机远程教育就可以发挥出作用。通过计算机远程教育，教师可以及时了解到学生的活动情况，及时跟进学生的学习进度,进而实现对学生学习的监督。此外,随着计算机网络的不断发展,计算机远程教育可以实现学生学习记录的保留,通过这些数据教师也可以掌握学生的学习情况,进而实现监督的目的。总之,计算机远程教育是高校开放式教育教学模式改革实行中的重要监督手段。

二、加大计算机远程教育在高校开放式教育教学模式改革中的利用的建议

根据目前计算机远程教育在高校开放式教育教学模式改革中的应用现状,对于计算机远程教育的应用控制是非常不足的。有些高校过度依赖计算机远程教育,不顾教学的实际内容不加限制地应用,而有些学校由于资金、技术等原因,对于计算机远程教育的应用几乎没有。此外,能够灵活运用计算机远程教育的教师人才也不多,对于计算机远程教育的资金投入也不够等,所以说,针对这些问题,对在这个过程中加大计算机远程教育的应用拟提出以下几点建议:

（一）计算机远程教育的应用要适度

虽然计算机远程教育对于整个高校开放式教育教学模式改革中发挥着非常重要的作用,但是对于计算机远程教育的应用并不是随意的,这其中也必须要注意度的把握。首先,必须保证应该应用的环节的实际作用。比如在一些课程的教学中,情景体验对于学生的知识学习的作用非常大,那么出于提高学生学习效率以及教学质量的目的,就应该在这些环节内容充分利用计算机远程教学;其次,不能过多应用计算机远程教育。学校不能为了单方面满足教师的时间需求而没有节制地应用计算机远程教育。虽然开放式教育教学模式下鼓励教学场所的开放性,但是远程教育形式毕竟使教师和学生之间的距离增大了,使得学生与教师的接触机会减少,这对于学生的学习是会产生一定负面作用的。另外,计算机远程教育的应用需要很多现代科技设备的跟进,这样就会增加学生的学习费用,对于很多学生来说,是不容易支付的负担,所以说,也不能过多地应用计算机远程教育,只有在计算机远程教育的优势绝对明显地超出了传统教学方式我们才能考虑应用。总之,在高校开放式教育教学模式改革中,计算机远程教育的应用要适度。

（二）保证计算机远程教育的专业教师队伍

由于计算机远程教育属于现代科技发展后的成果,所以对于它的应用,就会涉及很多专业的知识,如果不能准确地掌握这些知识,就很难灵活地应用计算机远程教育,也不能很好地发挥计算机远程教育的优势作用。因此,保证计算机远程教育的专

业教师队伍非常有必要。为此,可以从以下两方面入手:

1. 对现有教师的专业知识培训

在大学中,很多教师都有扎实的教育能力,教学水平非常高,但是这些教师中有一部分是年龄相对较大的教师,他们有多年的教学经验,专业知识掌握量也已经达到了一定的高度,但是他们对于计算机远程教学这种较为先进的教学方式的应用能力却并不高,所以说,针对这些教师,就可以用多培训的方式来提高他们对于计算机远程教育的应用能力。在适当的培训学习之后,这些优秀的教师就可以掌握计算机远程教学的应用方式,同时在实际教学中充分运用起来,这对于这些教师的时间利用带来了更多的便利,也保证了学生对于优秀教师的授课的学习。此外,通过专业培训,还可以为学校教师的返聘、社会优秀人才的授课等的实现创造条件。由此可见,对现有教师的专业知识培训对于保证计算机远程教育的专业教师队伍建设是非常有必要的。

2. 通过招聘获得计算机远程教育的专业教师人才

通过招聘获得计算机远程教育的专业教师人才也是实现专业教师队伍建设的一个重要途径。在教师招聘中,学校适当地把教师的远程教育应用水平考虑进去,就能保证新进教师的水平,减少学校的培训资金投入和时间投入,也可以提高教师的应用效率。所以说,通过招聘获得计算机远程教育的专业教师人才也是不能忽视的。

3. 增加对计算机远程教育应用的资金投入

最近几年,人才的重要性越来越明显,国家对于教育的投入也越来越大,但是大多数资金都集中在了对中小学的教学上。事实上,在大学教育中也是需要资金投入的,特别是计算机远程教育在高校开放式教育教学模式改革中的利用过程中。计算机远程教育属于现代科技下的产品,自然需要多项现代技术的支持。此外,计算机类产品本身也需要大量的资金保障,同时,计算机产品的不断更新和维护,也是离不开资金支持的。所以说,增加计算机远程教育应用中的资金投入也是非常有必要的。

计算机的应用涉及医疗、教育等多个领域,对于计算机远程教育的应用,是高校开放式教育教学模式改革中的一项重要举措,在未来的教育发展中,将会发挥重要作用。

第六节　远程开放教育计算机技术支持

开展远程开放教育离不开计算机技术的支持,以往远程开放教育普遍采取单一化的技术手段作为支撑,而现如今的远程开放教育融入了多媒体、计算机网络、有线通信以及卫星等多元化技术手段,使受教者可在信息化学习环境中展开交互式学习。一般而言,计算机网络技术是远程开放教育进行的基础性设施,其具有实施远程开放教育的主要功能。远程开放教育作为社会发展、教育改革、经济增长与科技进步的必然产物,是借助流媒体技术与网络技术等计算机技术实现教育目的的新兴教育形态,其将成为日后教育事业发展的全新趋势。事实上,远程开放教育是以多媒体技术与网络技术等计算机技术为依托的教育形式,其以互联网为依托,通过各类信息技术,令身处不同空间的受教者一同学习和交流,在时间与空间维度突破了以往教育规律。

一、远程开放教育发展历程

远程开放教育的不断发展和教育平台息息相关,直至目前,远程开放教育平台发展大致可归纳为四个时期:首先,以网络课程为基准的远程教育平台。此时期自 20 世纪 90 年代中期开始,当时我国正着力建设 CERNET 工程,在此工程建设发展的基础之上,国内网络教学逐渐被推行,以北方交通大学和清华大学为代表的多所高校首次尝试创办专业层次的网络课程,并获得一定成效。其次,依托于计算机网络的远程开放教育支持平台。此时期始于 20 世纪 90 年代末期,在这一时期,国内远程开放教育达到了迅速发展状态,国内研究人员逐渐关注国际上已经成功的依托于 Web 服务的网络教育,经过借鉴和参考其他国家成功经验,国内技术人员研发了以 Web 为基准的远程开放教育信息系统,而北师大所研发的远程开放教育支持平台最具代表性。再次,依托于天网与地网的远程开放教育平台。所谓天网工程指的是卫星网络,而地网工程指的是地面计算机网络。把两者充分融合落实综合性远程开放教育平台,是继依托于计算机网络的远程开放教育支持平台之后的新兴远程开放教育,其借助卫星网络不断拓展远程开放教育范围。最后,多元化的远程开放教育支持平台。伴随近几年云计算与物联网技术的持续进步,运用于远程开放教育方面的技术愈发智能化,诸多新型教育系统及学习工具的涌现,促使远程开放教育资源及教育模式越来越丰富,同时远程开放教育平台也向多元化、多样性方向发展。

二、远程开放教育计算机技术支持

(一)多媒体技术支持

众所周知,多媒体技术是凭借图形、文字与声音等形式刺激受教者视觉、听觉与触觉等感官,在较大程度上改善了大脑汲取信息内容的感官功能,推动受教者深度记忆、讨论与思考等各项活动的顺利进行,进而令教育内容的展现和获得由以往单一化的文字形态向多样性的生动形象形态转变。多媒体计算机技术的飞速发展和进步，催生了信息传播领域新一轮变革。现代意义层面的多媒体是以计算机技术为基准，不但具备计算机既定的自行运转、存储记忆、逻辑判断以及高速运算等功能，而且还采取触摸屏、图形窗口、语音识别与交互页面等前沿形式，令计算机不但具备文本、视频、图形与音频处理功能，而且还可以人类惯用的方式如声音和图像等形式，形象生动地传递与表达信息内容，实现人机交互。多媒体技术普及运用推动了多媒体教学管理、多媒体语音室以及电子图书室的繁荣发展，为远程开放教育实施提供了坚固的计算机技术支持。

（二）网络技术支持

在远程开放教育活动当中，网络技术与多媒体技术往往融为一体共同为教育工作提供服务。网络和多媒体的有机融合催生了多媒体网络教育。多媒体网络技术作为现代化教育媒体，其具备的非线性、集成性、可控性与交互性等特征，令其与挂图、黑板和粉笔等传统教育媒体存在本质差别。网络技术和多媒体技术独特的优势促使其在介入教育工作中时，不但转变以往教育方法，而且对于以往教育模式、教育方法和教育内容均带来深刻影响，在较大程度上对工业化时代下大批量生产形态的教育模式带来冲击。现阶段，该技术正在朝着全球化、交互化、智能化以及非线性化方向发展。网络技术与多媒体技术的运用，加之现阶段经济全球化发展态势，令全球各国之间联系愈发密切，各国远程开放教育互相交流促使远教全球化成为必然趋势。教育课程的国际化发展作为远程开放教育国际化的核心内容，不但应增设更多有关其他国家与国际问题的教育课程，而且远程开放教育课程体系应呈现出国际观点。总而言之，网络技术与多媒体技术为受教者全面发展，以及教育质量提升提供了优质环境与技术支持。所以，无论是教学设计、教学管理，还是课程实施与教学评价，均应充分考量信息时代下远程开放教育特点，合理运用计算机技术，推动教育内容向外延伸。

综上所述，全面提升远程开放教育水准，是我国现阶段亟待解决的首要任务。在对于当下远程开放教育发展历程分析的基础之上，应明确远程开放教育计算机之支持技术，并有效运用云计算、多媒体技术以及网络技术等信息化技术，在国内广泛推行远程开放教育平台的搭建，把现有网络加以整合，落实教育资源的共享与优化。

第二章 计算机远程教育模式研究

第一节 计算机实验室远程控制模式

针对目前计算机实验室缺少基于移动终端设备的远程控制与管理系统的问题，该文采用五层结构，使用 Web Service、Socket 等技术设计并开发了一套计算机实验室远程控制与管理系统。系统采用移动终端和 PC 机加互联网的管理模式，突破了传统的 PC 机加校园网的模式；并对传输的数据进行加解密，保证了数据的安全。该系统具有跨网段、跨区域、跨操作系统、可移动性等特点，可以做到一机在手、尽在掌握的泛在管理，为智慧校园中各种智能设备远程控制管理系统的设计与开发提供了思路。

目前，经管类实验室基本都是以计算机和软件来模拟仿真的应用场景。管理和维护计算机是一件烦琐又繁重的任务，同时传统以 PC 端加校园网的管理模式存在使用不便和效率较低等问题，如何减轻实验室工作人员的负担，提高实验室管理的效率，是每个实验室管理人员都要面对的问题。随着移动互联网和现代网络通信技术的快速发展，智能移动终端设备的不断出现，使用智能移动终端设备作为管理端的工具，可以做到一机在手、全面掌控，提高了管理效率。本节以手机作为移动终端，设计了一种能跨网络、跨操作系统、泛在管理的计算机实验室远程控制与管理系统。

一、系统需求分析

（一）实验室现状

以我校经管实验中心为例，实验中心共有 12 个实验室，其中计算机实验室（机房）有 5 个，共 276 台电脑，经管类很多实验课程需要各种不同的软件来模拟和训练，通常根据安装软件的不同来划分实验室的功能。实验中心存在实验室维护与管理工作量大与实验技术人员少的矛盾，每学期期末或开学初需要整理机房、安装更新软件等。学生上机量大，经常出现下课后忘关电脑，或部分学生由于各种原因不能及时完成实验任务而拖堂的情况，这给实验室管理人员造成了额外的负担。

（二）实验室管理软件现状

目前很多高校都有实验室管理系统，有的独立设计开发，有的购买现有的产品，大多数实验管理系统只是信息管理，如信息的维护、发布、查询统计等，很少涉及对设备的控制操作等管理，如：设备管理、资产管理、实验室课表预约管理、实验室基础管理、实验室建设管理、实验室开放管理、实验室安全管理等。也有小部分实验室管理系统涉及对设备的控制操作，如计算机实验室的相关管理软件，但都有局限性，有的管理软件对单个实验室设备管理较好，但是不具备跨网段功能，只能管理一个网段，从实验室网络安全的角度考虑，实验中心每个实验室的网段一般都是不同的，这样该软件就不能同时对多个实验室进行集中管理。也有一些管理软件可以不受网段的限制，采用 PC 加校园网的模式，可以集中管理实验中心的所有实验室，但存在可移动性比较差、没有手机版的软件等问题。

可移动性、智能化程度是当前计算机实验室管理软件的必然发展趋势。可移动性：目前市面上实验室管理软件大多采用 PC 加校园网的模式管理。现在智能手机的使用非常普遍，能使用手机等智能终端设备管理实验室是必然的趋势。智能化程度：计算机实验室管理软件的智能化是一个发展趋势，如实验室管理软件能根据实验课预约系统中的数据自动编制实验室开放时间表，根据这个时间表通过智能门禁系统，自动打开实验室，自动打开终端设备，实验结束后自动关闭终端设备等。

（三）系统功能需求

为了解决目前计算机实验室管理存在的问题，根据现有的机房管理软件的特点，实验中心需要一种能远程控制计算机的机房管理软件，需要以下基本功能：远程关机、开机、重启、发送消息、预约关机等。其中预约关机的功能尤为重要，它可以在规定下课时间前一段时间，及时提示学生注意保存数据，防止数据丢失；下课后如有部分电脑未关闭，管理人员可以远程批量关机，从而提高效率，降低工作量。

另外还需满足以下需求：安全性需求：保证系统的数据是安全的，包括数据传输安全、数据存储安全。稳定性需求：软件要运行稳定。便利性需求：终端管理需要可移动性，能使用智能手机管理机房。经济性需求：控制软件开发成本，由于是自己开发，满足主要的功能需求，功能简洁，具有较好的经济性。兼容性和易维护性需求：目前微软的 Windows 操作系统在 PC 机中占主流地位，Android 系统在手机操作系统占的份额也是最大的，所以系统要能在这两种操作系统中运行，并且访问数据不能受操作系统的限制。

二、系统设计

（一）系统架构设计

整个系统采用五层结构的设计方案：管理层、Web 服务层、数据存储层、应用监控层、终端控制层。系统包括三类重要设备节点：管理端设备、服务器、终端电脑等。各类设备在学校内部使用校园网连接，如果管理者在外地，可以利用互联网通过访问 Web Service 连接到系统，当然为了更加安全，可以通过 VPN 连接到校园网。为了系统及数据的安全，各节点传输的数据在发送前经过加密程序处理，接收后由解密程序进行解密。

终端电脑是整个系统中重要的网络节点控制器，安装控制端程序，终端电脑接收应用服务端或管理端的命令及数据，调用相应的控制程序指令，完成控制过程。应用服务器上安装应用服务端软件，主要接收管理端的命令，经过处理后，向终端电脑发送命令，同时也将终端电脑传回的数据进行分析及存储。管理端设备安装管理端软件，管理人员可以通过应用服务器批量控制终端电脑，也可以精准定点控制单个终端电脑。

移动终端与服务器之间通过 Web Service 连接。Web Service 是一种独立的平台，它是跨平台的、跨操作系统的、跨编程语言的，包括 XML、SOAP 和 WSDL 技术。利用 Web Service 技术可以很好地解决计算机实验室远程控制与管理系统的跨硬件平台和跨操作系统，不管使用者选择何种管理设备（台式电脑、平板电脑、智能手机）和操作系统（Windows、Android、Apple）都能连接到该管理平台。

（二）功能模块设计

根据系统需求分析，系统需要包含以下模块：用户管理模块、控制端模块、服务器端模块、管理端模块。用户管理模块包括以下功能：用户新增、删除、修改、密码管理、权限管理等。控制端模块包括的功能有：自动运行功能、信息监控功能、计算机控制功能等。服务器端模块包括的功能有：远程信息接收功能、数据处理功能、远程信息发送功能等。管理端模块包括的功能有：实验室管理、计算机管理等。

控制端模块与服务器端模块之间的数据通信是整个系统设计的关键。根据 OSI 网路七层模型，从低到高分为：物理层、数据链路层、网络层、传输控制层、会话层、表示层、应用层，其中底下三层主要解决网络设备的物理连接问题，上面三层（会话层、表示层、应用层）可以归为应用程序部分。所以采用 TCP/IP 协议进行数据传输，Socket 封装了 TCP/IP 协议，使用 Socket 可以在服务端程序与客户端程序之间建立连接通信。

控制端模块部署服务端Socket，应用服务器端模块部署客户端Socket。服务端进程始终处于侦听状态，客户端进程发起请求，服务端进程侦听到客户端Socket后，服务端进程会新建一个线程Socket，发出响应给客户端Socket，客户端Socket确认后，这两个Socket就建立了连接。然后客户端Socket向服务端发送命令，发送的命令经过数据加密后，发送给服务端Socket，服务端接收到数据，然后解密数据，按照命令执行操作，并且返回结果。

（三）数据库设计

根据系统功能设计，系统主要数据表有：计算机信息表、实验室信息表、用户信息表、权限表、数据字典、实验课程表等。计算机信息表主要包含以下字段：电脑编号、电脑名称、IP地址、MAC地址、电脑状态、所属实验室、备注等。实验室信息表主要包含以下字段：实验室编号、实验室名称、电脑总数、实验室状态、备注等。用户信息表主要包含以下字段：用户编号、用户名、所属部门、权限组等。权限表主要包含以下字段：权限组号、权限号等。数据字典主要包含以下字段：表编号、字段名、字段描述等。实验课程表主要包含以下字段：表编号、实验课名称、授课教师、授课地点、班级、人数、授课周次、授课星期、授课节次等。

（四）数据加密设计

随着计算机运行速度越来越快，使用DES算法加密变得越来越不安全，而RSA算法受密钥长度的限制，密钥长度越长，安全度越高，计算量越大，算法速度就越慢。为了取长补短，本系统采用的设计方案是DES与RSA混合加密，密文采用DES加解密，密钥采用RSA加解密。

三、系统实现

系统主要包括三个模块：控制端模块、服务器端模块、管理端模块。

（一）控制端模块的实现

控制端模块安装在终端电脑上，操作系统为微软的Windows操作系统，开发工具为Delphi。控制端模块在终端电脑启动后会自动运行，等待接收应用服务器上服务端监控模块发送的指令，收到指令后，执行指令操作，反馈信息给应用服务器。

（二）服务器端模块的实现

服务器端模块安装在服务器上，多个服务器可以组成服务器集群，主要包括：应用服务器、Web 服务器和数据库服务器。应用服务器上部署服务端监控模块，Web 服务器上部署 IIS、Web Service，数据库服务器上部署 Microsoft SQL Server2008 数据库。开发工具 Microsoft Visual Studio 2012，采用 C# 语言，使用 ASP.NET 技术。

（三）管理端模块的实现

根据管理端设备及操作系统的不同，使用相应的管理端模块，如 PC 电脑加 Windows 操作系统、手机加 Android 系统等。管理端 PC 版的开发工具为 Microsoft Visual Studio 2012、Dephi7，移动版的开发工具为 Android Studio 3.0。通过 PC 电脑管理端模块，管理员可以对实验室进行管理，如新增、删除实验室；对实验室的电脑也可以进行管理，如新建电脑、删除电脑，可以批量新建，也可以单个建。实验室信息发送管理，可以选择已编辑的信息模板发送信息，也可以自己新建消息发送；可以对单个实验室发送，也可以对多个实验室批量发送。实验室预约关机，选择实验室，再确定关机的时间，等到离关机时间还有 10 min 或 3 min，系统会自动发关机提醒消息，提醒上课的教师和学生，这样就有足够的时间保存文件。

手机端管理模块与 PC 端管理模块的功能相似，由于 PC 机屏幕大，在文字处理、输入方面比手机要方便，所以把实验室、电脑新建、删除等信息编辑的功能存放在 PC 端管理模块，其他功能 PC 端与手机端是一样的。

这套计算机实验室远程控制与管理系统已在实验中心各个机房得到有效的应用，从使用数据来看，系统运行稳定，已达到设计目标。该系统规范了学生上机习惯、大大减轻了管理人员的工作量，使用手机作为终端管理工具，具有很好的可移动性和便利性。本节设计的基于五层结构的远程控制系统的设计方案较好地解决了对设备的远程控制跨平台、跨网络、可移动性等问题，为智慧校园中各种智能设备远程控制管理系统的设计及开发提供了思路。下一步可以把门禁管理系统、实验预约系统、实验室视频监控及报警系统集成到该系统平台中去，提高系统的智能化程度。

第二节　远程教育直播课堂的教学模式

随着现代信息技术的迅速发展，促进教育信息化，共享教育教学资源，远程教育直播课堂应运而生。直播课堂拓展了教育教学的时空界限，改变了传统的教学方法，是一种新型的远程教育模式。本节主要对远程教育直播课堂的教学模式进行研究，通过对传统课堂和远程教育直播课堂的教学模式系统要素进行分析，构建出远程教育直播课堂的教学模式基本框架,并对成都七中网校和安徽在线课堂两个典型远程直播课堂教学进行案例化研究,探讨并验证所构建远程教育直播课堂教学模式基本框架的实践可行性。本节旨在为远程教育直播课堂在实践中产生的问题提供参考借鉴,同时也丰富了远程教育直播课堂建设的理论研究。

进入 21 世纪后,现代信息技术的迅速发展给社会带来了空前的变革,世界正大踏步走进"信息化时代"。计算机网络、信息技术正悄然改变着人类社会的面貌以及人们日常的生产生活,并且深入了教育教学领域当中。教育信息化正成为全球社会关注的重要内容之一。互联网的迅猛发展使得网络技术为教育构建起了一个有无限潜力的平台。在这个个性自主、共享开放的平台上,教师和学生的角色定位更加清晰,稀缺的教育教学资源将得到更充分的利用,教育不再一味地千篇一律,它突破了时间、地域、等级与方法的界限,以一幅崭新的景象出现在人们的视野里——偏远地区的老师和学生们通过计算机网络聆听千里之外的优秀教师的讲课。当下教育均衡化发展是我国教育的现实需要与战略选择,现代远程教育则是推进教育均衡化发展的有效途径之一。由此可见,远程教育在我国教育系统中占有越来越大的比重,是一个重要的组成部分。从函授教育到广播电视教育,从广播电视教育到网络教育,都借助信息技术的高速发展并切入教育领域而后带来了巨大的影响。因此,对于远程教育方面研究的开展具有极大的必要性。

一、远程教育直播课堂

远程直播教学课堂是在科学技术发展和社会需求推动下形成的一种新型远程教育模式,与传统的远程教育模式有所区别。它是以计算机、多媒体和现代通信技术等信息技术为主要手段,将信息技术和现代教育教学思想有机结合的一种新型教育模式,能够有效地利用各种教育资源。而飞速发展的各种网络技术,为信息特别是多媒体信息的传播提供了可靠的技术支持,也为远程直播教学的发展提供了更加丰富的技术手段,极大地推动了远程直播教学的发展。2002 年 9 月,四川省成都七中与东方闻道有限公司合作成立七中网校,采用以卫星网为主、互联网为辅的教学传播模式,为云、贵、川、藏、陇五省区的 131 所中学提供高中全日制远程直播教学,开创了一种与常规课堂教学更紧密结合的新型远程教学实践模式。这些都为远程教育直播课堂的教学模式研究提供了可行性条件。

二、远程教育直播课堂的教学模式研究

（一）传统课堂教学模式要素分析

在教育文献中，通常相对地把校园的课堂面授教育称为传统教育，传统教育以学制统一、班级授课、分科教学和认识优先为特征，注重对受教育者的直接塑造或改变，是"以教定学"的教育形式。

1. 教师

在传统课堂中，老师一般是课堂上的主体，主要负责进行知识的传递，传统课堂是以老师为中心的课堂教学。在课前，老师进行备课并向同学们布置预习任务；在课堂中，老师花费时间与精力进行授课，向学生讲授知识并提问，接受反馈回答；在课后，老师布置作业要求同学们完成。传统的课堂教学是以老师的单向传授为主，较为依赖老师个人的知识能力，强调教师"教"的过程。

2. 学生

在传统课堂的教学过程中，学生往往进行被动式的学习。在课前，接收老师布置的预习任务，进行课前预习；在课堂上，认真听课，快速进行知识的吸收与消化；在课后，完成老师布置的作业。在传统课堂这种单一性的教学方式下，学生被动地接受知识，没有进行"学"的主动过程。传统课堂注重知识的传授，一般以统一的标准来衡量和要求学生，单一地讲授书本知识。学生能够很大程度上系统、牢固地掌握相应的学科知识，但实践能力和问题解决能力都有待提高。

3. 教学内容

在传统的课堂教学中，教学内容一般是固定的，教师依据教学大纲和教科书确定教学内容。教学内容强调知识系统性的传递，以书本知识为主。学生在教学完成后能够掌握系统化的基础知识，一般能在考试中拿到满意的分数。传统课堂的教学内容难易程度一般，能够满足大部分学生的学习需求。

4. 教学媒体

在传统的课堂教学中，教学媒体的使用较为单一，一般是黑板粉笔加幻灯片。教师们习惯于旧式的教学方式，能够按照传统的教学模式进行知识的传递。教师使用幻灯片播放课前准备好的课件，向同学们进行知识的讲解，在讲到关键内容或遇到同学们不懂的情况下，书写板书，进行更加详细的讲授。虽然在现阶段，我们绝大多数的教学仍旧处于计算机辅助教学和计算机辅助学习，但教学媒体作为信息传递的工具，在教学中一直具有重要的地位。

（二）远程教育直播课堂的教学模式要素分析

1. 教师

在远程教育直播课堂教学中，相较于传统课堂教学，这里不只有一位老师，理论上可以说是一种老师们的协作教学。远程教育直播课堂主要是以校本部的授课老师与远端的辅助老师为中心，课程把关老师、技术指导老师为辅助形成的一个"四位一体"的教学体系。老师们更致力于构建一种以学生为主体的集体教学。在课堂前，老师们同时备课，用以沟通教学过程中各个环节设计；在课堂上，授课教师按照教案，通过远程直播，同时面对多个班级授课。远端辅助老师在远端课堂全程协助，以便于远端学生更好地进行知识的消化吸收；在课后，授课教师布置相应任务，远端老师辅助学生完成课后任务。在远程直播课堂，教师的主体地位逐渐减弱，更多地以一种"主导"的地位呈现，尤其是远端学校，远端教师在课堂上更多地倾向于帮助引导学生进行自主学习。

2. 学生

在远程直播课堂上，准确地说，有两类学生，一种是校本部的学生，另一种是偏远地区的远端学生。远程直播课堂的开展主要就是为了教育资源均衡化，可以说主要是为了偏远地区的远端学生能够与发达地区优秀学校的学生共享优质教师教育资源，所以在分析远程直播课堂中的学生要素时，我们重点分析的是远端学生。在课前，由于远端学生在很大程度上与本部学生有一定的差距，远端学生要比本部学生更加注重课前的预习，尤其当授课内容与远端学校的授课内容有较大差距时，远端学生更要好好利用课前的预习时间，在辅导老师的帮助下，努力缩短差距，更好地吸收消化授课内容；在课堂上，远端学生自主学习，收看远程直播视频；在课后，远端学生要及时与辅导老师沟通交流，完成课后任务。远程直播课堂是以远端学生为主体，辅导老师为主导的课堂教学。

3. 教学内容

在远程直播课堂教学中，教学内容的确定是最为复杂的，因为要充分考虑到偏远地区的远端学校的教学进度问题。而且远端学校与本部学校很有可能不处于同一个省市区域，所使用的教材差异性也要考虑到。授课老师与远端老师在进行集体备课时一定要充分考虑远端学生与校本部学生认知水平的不同，保证远端学生在教学中能够接受所学的新知识。笔者认为，校本部学校在确定合作的远端学校的时候，最好选择教材相同的区域。在进行直播授课前，要充分了解远端学校的教学进度，以便展开教学。

4.教学媒体

远程直播课堂教学依托优质教育资源,综合使用现代信息多媒体技术,并结合相关软件硬件,致力于打造一个综合性的学习系统平台。校本部采用演播室电子白板教学,并设有控制与通信设施,以完成视频、音频的采集与传输。信息一般通过卫星传输系统向远端学校发送。远端学校相应地配置地面卫星接受系统,用于对直播课程进行接收。此外,远端学校还设置了终端同堂系统,以便能够达到异地同步的效果。在远程直播课堂中,学校投入并使用了大量现代多媒体设备,以便于教学内容的传递,与传统课堂单一的教学媒体模式相比,各类教学媒体的使用极大地促进了教学信息的传递与吸收,有助于远程直播课堂教学的开展。

（三）远程直播课堂教学模式基本框架构建

笔者通过对传统课堂教学模式与远程教育直播课堂教学模式进行教学系统要素的分析与研究,并结合自身的观点得出,远程教育直播课堂教学模式的基本框架主要包括教师、学生、教学内容和教学媒体四部分内容。其中教师部分分为两类,授课教师与远端教师。基于课前、课中和课后三个环节对授课教师和远端教师进行角色定位,分别为课前备课（老师们同时备课,进行教学设计）、课堂授课（授课教师讲课,远端教师在远端课堂协助授课）和课后评价（授课教师布置任务,远端教师辅助远端学生完成）,并加入了反馈环节;学生部分也同样分为两类,本部学生与远端学生。以课前、课中和课后三个环节主要针对远端学生进行角色定位,分别为课前预习、课堂听课和课后作业,同时加入了课后答疑解惑环节;教学内容部分主要是本部学校和远端学校在基于两类学生认知基础上设计合理的教学内容进行同步教学;教学媒体部分主要包括要进行远程教育异地同步直播所必需的多媒体信息技术设备等。在此基础上笔者结合动机理论、建构主义理论和有意义学习理论,以及维果茨基的"最近发展区"理论,构建出远程教育直播课堂教学模式基本框架。

教师、学生、教学内容与教学媒体不仅是传统课堂教学模式中教学系统的必备要素,同样也是远程教育直播课堂教学模式中必备的要素。授课教师与远端学生通过教学媒体进行非面对面的同步教学并传递教学内容构成了远程教育直播课堂。在任何一种远程教育直播课堂上,都有授课教师与远端教师在课前、课中和课后相互协作教学,教学内容通过计算机、通信卫星、多媒体设备等教学媒体进行远距离传输,远端学生异地同步进行学习。

三、典型远程教育直播课堂教学模式案例分析

成都七中网校是四川省成都七中和成都东方闻道科技发展有限公司联合成立的全国第一家高中学历远程教育学校。高中全日制远程直播教学是七中网校创设的一种独具特色的教育形态，是国内利用现代信息技术实现教育均衡的一种领先方式。在线课堂是安徽省为了促进城乡教育的均衡发展，切实解决农村教学点课程开设不全的问题，依托宽带网络和视频会议技术所实现的直播教学模式。由城区学校或中心校优秀教师主讲，将优质音乐、美术等课程实时传输到农村教学点，并与教学点教师共同辅导学生学习。自 2014 年 5 月在部分地区的教学点试验后，受到学生的广泛欢迎。

从现阶段看，成都七中网校与安徽在线课堂都是远程教育直播课堂教学的典型实践案例，并且他们在相应的地区范围内，都展示出了显著的效果，极大地促进了教育教学资源的均衡化。本文选取成都七中网校远程直播课堂教学与安徽在线课堂常态化教学两种教学模式作为典型案例，对每种远程直播教学模式的概念、构成要素和实施过程进行分析，以所构建的远程直播课堂教学模式基本框架为依据，探讨其可行性。

在教师安排上，成都七中网校"四位一体"的教师模式能够更好地保障直播的各个环节有序进行，而安徽在线课堂由于条件限制，除了主讲教师与远端教师外，仅安排了技术人员对远程直播课堂进行技术保障，同时也安排授课教师在学习了相应的计算机知识后，负责设备的维护工作，相应地增加了教师的负担；在学生安排上，成都七中网校远程直播课堂的教学模式框架与笔者在前一章节所提出的基本框架大体上是相同的。而安徽在线课堂常态化教学模式则与笔者所构建的基本框架有所差异，并未设置本部学生，主讲教师采用的是无学生课堂授课的方式。这样安排一方面增加了主讲教师与远端学生的交互，使得主讲教师能够把全部注意力放在远端学生上，但另一方面，也增加了主讲教师授课难度。而对于成都七中网校来说，授课教师面对两类学生授课，这就必然要求远端学生与本部学生的认知结构水平差异要小，导致成都七中网校远程直播课堂在对学生的选择上有很大的局限性。在教学安排、科目安排以及办学对象上，成都七中采用"四同时"模式，使本部学生与远端学生同步学习全部高中科目，力求达到异地同堂。安徽在线课堂则是小学、初中学生为主，为了弥补偏远地区教学教师资源不足的问题，主要针对音乐、体育、美术和英语等科目，采用"三统一"模式进行教学；在办学模式上，成都七中采用与公司合作的模式，本部学校——公司——远端学校，三方合作办学。公司的参与能够增加教学媒体支

持服务的投入，但从另一方面来看，也要考虑到公司过分看重利益的情况。而安徽在线课堂是学校与安徽省政府合作开展的，政府的参与在很大程度上能加大对远程直播的规范化监督管理制度，但在资金投入方面略逊色于企业，导致技术支持服务有待提高。在办学区域上，成都七中网校主要以七中为中心，向云、贵、川、藏、陇等周边偏远地区纵向展开合作，而安徽在线课堂则主要向安徽山区及周边偏远贫困地区教学点展开合作；在办学目的上，成都七中网校与安徽在线课堂这两个案例有根本的区别。成都七中网校主要以优势带动弱势为主，促进周边教育教学均衡发展。而安徽在线课堂则是为了弥补山区及周边教学点教师资源不足，为提供教师支持、共享教育教学资源而开展的。

通过对这两种典型的远程教育直播课堂教学模式进行案例分析，得出所构建的远程教育直播课堂教学模式基本框架具有一定的实践可行性。成都七中网校与安徽在线课堂，这两个案例都充分考虑了当下的实际情况，构建出了各自的教学模式，在实践中可以看到这两种教学模式均有不足之处，但从实践成果分析，均是利大于弊的，在地区发展中，极大地促进了教育信息化和教育均衡化。

远程教育直播课堂教学是教学模式的创新，在科学技术的不断发展和社会的需求下应运而生。经实践证明，直播课堂的开展有利于教育教学资源的共享，能够促进西部和农村偏远地区中小学教育教学质量的提升，是实现基础教育均衡发展的可选手段之一，有效地促进了教育公平化，减小了城乡之间的教育差距，也对加快教育信息化具有重要意义。本节通过对远程教育直播课堂的教学模式进行研究，构建出基于教学系统要素对比分析的远程教育直播课堂教学模式基本框架，期望促进远程教育直播课堂的进一步发展与大规模推广。该框架旨在协助有意愿发展远程直播课堂的各类教育机构组织，为其提供一个参考模型，解决相关误区，帮助其结合实际情况构建相应的远程教育直播课堂的教学模式。

第三节　计算机远程教育翻转学习模式

随着信息技术的日益发展，2012年，国际教育领域掀起了一场"慕课运动"。"翻转课堂"（Flipped Classroom），一种新的教育理念和学习模式应运而生。翻转课堂，顾名思义就是将传统教学活动程序颠倒过来，在信息技术的支持下，学生利用微视频、课件、练习等学习资源进行自主学习，完成知识的传授；课堂教师针对学习过程中存在的问题或需要深入了解的内容进行解疑答惑、协作探究等活动，以完成知识内化，达成教学目标的教学模式。其实质依然是一种传统课堂与网络教学活动相结合的"混合式"教学模式。真正让翻转课堂引向巅峰的是 2011 年爆发的一场开放教育资源（OER）运动，催生了大量优质教学资源，为翻转课堂的广泛开展提供了资源支持。而微课（Micro-lecture）是一种新的数字化资源形态，以其"短、小、精、趣"的特征，在这场运动中赢得了广大教师的喜爱，并在国内外教育领域迅速发展。因此，探索远程教育环境下翻转课堂学习的微课资源设计研究，对促进技术的深入融合和提高远程教育教学质量有着十分重要的意义。

但纵观已有的研究，可以发现将翻转课堂和微课置于远程教育环境中研究的并不多见（将"微课"和"翻转课堂"分别与"开放大学"或"远程教育"在 CNKI 期刊网中进行检索，总计 8 余篇）。而将此三者结合，探索新的远程教学模式和资源设计研究则更显空白。本节将深入分析三者间的联系与耦合机制，探索微课资源的设计方法，试图引入翻转教学理念进行微课实践，以期许为后续研究的开展做铺垫。

一、"翻转课堂、微课"与"远程教育"的契合点

"互联网 +"时代来临，翻转课堂、微课、MOOC 等纷纷来袭，远程教育领域不断吸收新理念、融合新技术，正发生着巨大的变化。通过深入剖析翻转课堂、微课、远程教育三者的内涵，追根溯源，不难发现它们之间存在先天的耦合性。

（一）一种耦合：翻转课堂、微课与远程教育完美结合

自 2007 年美国化学老师乔纳森·伯尔曼录制在线视频课程，开创了一种颠覆传统课堂结构的教学形式，即"翻转课堂"；随后，美国戴维·彭罗斯教授首创微课，并称之为"知识脉冲"。随后"翻转课堂、微课"风靡网络，引起教育界学者们的关注。远程教育作为一种新型的教育形式，以信息技术为支撑，采用线上网络视频课程学习与面授课堂相结合的混合式学习。翻转课堂本质是教学流程的颠倒，亦是一种混合式学习，而微课的核心要素是微视频，从其本质分析，它们存在先天的耦合性，可相互促进、共同发展。

（二）满足远程教育学习者的需求

远程教育的学习者以社会成人为主，他们具有工学矛盾、自我导向性强、学习注意力分散、持续学习时间较短等特征，过去传统远程教育的面授和网络课程难以适应和满足学生学习需求。微课具有"微型化、碎片化"的特征，学习者能够随时、随地灵活地进行微学习、移动学习，这种"见缝插针"式的学习，充分迎合了他们的学习需求。

（三）促进远程教育变革，转变教育观念

过去远程教育惯于使用"网络课程＋面授"式教学模式，试图使用视频课程让学习者预先自主学习，获取课程知识或发现疑难问题，待集中面授时由教师答疑解惑，以获得更深刻的理解，隐含着浅层次的翻转味道。但现实中的网络教学流于形式，缺乏系统设计，面授则过分注重考核知识点讲授，师生热衷于划重点、讲考点、押题等，长此以往，混合式教学在远程教育教学过程中被扭曲异化了。自 2012 年"翻转课堂、微课"被教育界学者广泛传播后，开放大学的教师们也开始反思自己的教学。因此，我们认为在远程教育中引入"翻转课堂、微课"新理念是推动远程教育变革一个很好的切入点，也是一次对开放大学办学理念的深化与具体落实。

二、远程教育中微课开发设计的原则

（一）以远程教育学习者特征为导向，突出开放理念

任何教学形式的教学设计都是从学习者特征开始的，远程教育也不例外。远程教育本着开放的理念，对入学者的年龄、职业、地区、学习资历等方面没有太多限制，多数为半工半读的成年人。针对这些特征，教师应当考虑到不同学习背景、学习环境、学习内容、学习任务等学习者，其学习需求也是不一样的，学习资源也可能存在差异性。

（二）以教学目标为重心，强调内容针对性

成人学习者对自己学习目标往往更为清晰，需要什么、想学什么，他们就学习什么。这就要求课程设计突出针对性，课程设计需紧紧围绕教学目标将学习内容根据教学任务或主题进行合理分解，将复杂的教学目标、教学内容拆分为单一的知识点或概念，每一节微课应有明确的主题和教学目标相对应，以利于成人根据自身的需要有选择地进行针对性的学习。

（三）碎片化与结构化相统一，坚持课微力不微

碎片化是为了便于成人学习者能够在零星的时间里随时随地学习，也是为了减轻成人学习者的认知负荷，提高学习效率。当然毫无结构、散乱的微课也不被广大教师认可，还会对学生理解课程知识的全貌造成障碍。能否做到课微力不微，关键在于微课设计的碎片化与结构化的统一。国内学者认为微课不仅仅是微视频的呈现，更应有一套完整的教学设计和学习支持服务体系，全面完善的学习支持服务是实现有效远程教育学习不可或缺的要素，比如学习指南、测试练习、任务单、学习导航等。

（四）注重交互设计，营造体验式学习

远程教育最大的缺陷是由于时空分离导致师生互动缺失，学生容易产生学习孤独感。为了消除这种孤独感，课程活动内容的设计显得尤为重要。在远程教育中，交互主要体现在课程学习资源及学习活动的设计上，特别是线上师生活动以及面授教学，应当营造体验式学习氛围，让学生主动参与课程学习，鼓励师生互动、生生互动，及时反馈学习进度、效果等，形成学习社群，弱化远程学习的孤独感。

三、微课开发设计的流程与制作方法

微课资源建设是一项系统的较为复杂的项目，包括序列化的微视频、教学情境设计、交互活动设计、学习评价等。国内学者姜玉莲认为基于 ADDIE 模型进行分析、设计、开发、实施与评估的系统方法，对微课的实践指导更具有操作性和指导性。根据上述远程教育中微课开发设计原则，结合 ADDIE 开发设计模型，构建了以下微课开发模型。

分析阶段（Analysis）：分析作为微课资源建设的前期准备工作，包括成人学习特征分析即年龄、职业、原有认知水平、学习内容分析（包括重难点、考核点）等，思考什么样的内容、用怎样的表现形式适合他们，这些都是教师前期必须掌握的。

设计阶段（Design）：制定可行性方案，包括课程计划、教学策略、学习目标等拟定。一方面，课程内容的碎片化、精细化和结构化是该阶段中一项重要的任务，需依据课程大纲和教学目标，划分知识点，制定课程知识图谱。另一方面，微课的主题选择、情境设计、内容交互设计都需要进行全方位思考。

开发阶段（Develop）：待教学设计和学习主题确定后，收集相关素材，制作多媒体课件。同时，根据学习内容和媒体呈现形式，撰写微课脚本，确定微课开发技术路线。目前，微课拍摄模式主流的有录屏式、抠像式、访谈式、画中画式等，形式灵活多样。

执行阶段（Implement）：执行阶段就是将建设好的微课运用到远程教学实践当中，需要结合学校的各类教学平台作为支持，便于学生视频自学、课程测试、协作讨论、线上求助等，满足在线网络学习需求。比如，福建电大建有电大在线、开放大学学习平台、微电大、微课在线等多种学习平台，能够很好地在这些平台中开展微课教学实践。

评价阶段（Evaluate）：从分析阶段开始，贯穿于整个流程中，对开发的微课进行教学实践，实时监测其应用效果。除了自评，当然还可以广泛收集同行专家、技术专

家、学生的反馈意见,结合迭代开发思想,促进微课不断完善。

四、远程教育环境下翻转学习模式的微课应用实践

学习资源的应用效果是评价资源质量和有效性的关键指标。近年来,我国微课的数量迅猛增加,人们开始探索如何在教学实践中加以应用。翻转课堂教学模式的理论基础是掌握学习理论、建构主义理论、混合式学习理论,本节基于理论分析结合远程教育学习者特征和课程教学实践研究,引入翻转教学理念,试图构建一种新的微课应用模式。

当然,任何教学模式都首先是分析学习者特征、学习内容性质,阐明课程学习目标,然后根据分析结果开发微课学习资源。远程教育提供给学习者不只是课前设计好的微视频,还包括网络课程学习指南、资源链接、PPT课件、试题集锦、实践项目任务单等全套学习资源。课前,学生使用在线学习资源,自主完成学习任务,进而习得相关知识。在线或面授课堂上,教师依据学生自主学习情况,了解学生学习效果,结合学生提出的疑问,设计一些有意义、有价值的探究性问题,开展小组协作、讨论、竞答等活动,以深化知识建构。评价是针对整个学习过程的,采用过程性评价结合期末终结性评价,根据评价结果来调整资源建设和整个教学方案。下面以《计算机网络》课程的实践教学为例,探究其应用。

(一)《计算机网络》课程特征

《计算机网络》课程是福建电大计算机科学与技术专业本科二年级的必修课,具有知识面广、理论性和实践性强等特点,教材选用王兆青主编的《计算机网络》。课程对象主要为在职成年人,这些学生的学习目的明确,以提升自身职业技能为主,自主性强,有较浓厚的学习兴趣。因此课程内容应坚持"实用、易用、必需、够用"原则,坚持理论与实践并重,将课程中的概念理论与网络实操项目相结合是一种有效的举措。

(二)细分知识点,确定学习主题

教师依据《计算机网络》的教学大纲将总目标进行分解,梳理知识点的内在逻辑,合理划分知识点,设计与绘制知识图谱,既可减轻学习者的认知负荷,又有利于掌握课程内容知识全貌。该课程包括:概论、网络体系结构、数据通信技术、局域网技术、计算网络协议、网络安全与管理技术、网络发展趋势和新技术等七个模块,并将其分解成更细的知识点。例如,教师讲解"计算机网络概述"模块,首先让学生了解计算机网络产生和发展过程,然后让学生掌握计算机网络的功能、定义、分类等,教师根

据细化的知识点,确定微课的学习主题。

(三)围绕主题,开发设计学习资源

待学习目标和学习主题确定后,教师收集、整理相关学习内容和素材,制作微课课件。有研究表明微课时长 15~20 分钟较为合适,因此设计的微课不超过 20 分钟;同时为学习者提供学习指南、实践任务单、测试练习等学习资源,帮助学生对知识的掌握,提高学生的项目实践能力。例如,讲授"网络拓扑结构分类"时,教师收集各类典型拓扑结构案例,以典型"办公室网络"的打印机、扫描仪等设备接入创设情境,录制微课,并设计"归纳分析典型拓扑结构的优缺点"任务单供学习者线上讨论,让学生更加深入地理解学习内容。

(四)远程教育环境下翻转学习模式的微课应用

两年多远程学习,学生已经习惯了这种教学形式,具备较强的自主学习能力,为开展翻转课堂教学实践提供了条件。翻转教学强调前期的自学效果,学生课前的自主学习质量直接关系线上或面授课堂的教学效果,一般教师会在课前提供丰富的学习资源,支持学生自主学习,并布置一些检测性练习,纳入形成性考核;线上或者面授采用小组知识抢答、协作探究等活动调动学生的学习积极性,以促进知识内化。例如,教师在讲解"网络传输介质"时,利用微课呈现双绞线和光纤接头的制作步骤,提供双绞线、光纤接头制作注意事项文档,并设计实践项目任务单,课后让学生将完成的实验作品在平台晒一晒、评一评,既可检验学生的学习效果,也有助于促进学生掌握实操技能。此次研究,依托福建电大在线学习平台尝试在远程教育环境下开展翻转学习模式的《计算机网络》课程微课实践,借助微课将图像、声音、动画、微视频等多种媒体元素结合起来,极大激发了远程教育成人学习者对课程学习兴趣和积极性。碎片化微课翻转学习既满足了他们的个性化需求,又有效地提高了学生的自主学习能力。同时,教师精心为学生提供完整的教学设计和学习支持服务体系,比如学习指南、测试练习、任务单、学习导航,有效地帮助学生解决了在学习过程中存在的问题,促进知识内化,提升了课程学习质量。

微课、翻转课堂作为信息技术与教育融合的新生事物,是一种非常有应用价值的新的资源形式和教学模式,对提高远程教育学习效果、提升远程教育质量具有重要意义,也为我国远程开放教育教学改革提供了新思路。2011 年以来,福建电大推行"颗粒化"资源建设模式,大力推进微课资源建设,探究微课应用模式,积极引入翻转学习理念,取得了一定成效。当然,并非所有课程都适合微课或者翻转学习,他们自

身就存在许多的局限性,这是不容忽视的,所以对于未来开展微课、翻转课堂的研究来说,任重而道远。

第四节 计算机远程教育微课程教学模式

目前,我国对微课程教学模式的应用已经有了一些实践与研究,并取得了一定的成绩。微课程教学模式为课程教学与计算机信息技术更深地融合带来了新的机遇。为迎合我国教育改革与发展的方向,本节通过介绍远程教育学生的特点以及现行远程教育存在的问题,指出微课程发展的必要性,最后提出微课程的发展对策,以期为微课程教学模式常态化实施提出建设性意见。

随着经济的高速发展,社会对人才的需求日益增长,传统的高等教育难以适应时代的发展。20世纪以来,电子信息技术迅猛发展,教学媒体日益丰富,多媒体使函授教育由现实的课堂授课模式向远程教育授课模式转变提供了可能。高校作为高等教育的主战场,发展网络远程教育势在必行,针对现行网络教育受众的特点,学习时间少,学习时间与学习方式不一样,理解能力有限等对远程教育提出了挑战。在这种时代背景下,微课程教学模式应运而生,本节主要研究微课程教学模式的远程教育教学改革与探索。

一、远程教育受众的特点

(一)远程教育的受众分散在社会各行各业,教育背景、就学目的等不同

远程教育受众多是一些成人学生,以前的教育背景不相同,基础不一样,接受知识的能力也不相同,学习进度必然有差异,且他们都承担着工作责任,分散在社会的各行各业,只能利用业余时间去进行学习,这就存在学习时间不统一的问题,他们进行学习的场所也不统一。与此同时,学生学习的目的也不同,但多数不仅是为了获得文凭,更重要的是提升自身的实际工作能力,因此每位学生所需要的知识重点不一样。但是目前的远程教育是针对每个专业开设课程,每个专业的课程是单一的,难以满足学生工作岗位所需。

(二)工学矛盾突出,学生的自学及理解能力有限

接受远程教育的学生的社会背景具有多样性的特点,生活、学习经历各不相同,有些工作时间长、工作压力大,这些学生减少业余学习时间、降低学习质量就在所难

免了。网络学习主要依靠学生的自主性，有些学生就会出现惰性，因此，必然存在工学矛盾突出的弊端。由于知识都是环环相扣的，在学习过程中，如果因为工作原因导致学习中断，就难以再往下进行，影响学习质量。所以，采取整齐划一的学习方式对学生进行管理，难以达到教学目的。

二、远程教育现行教学模式存在的问题

（一）远程教育资源质量不高，制约网络教育的发展

远程教育质量的提升，教育资源是关键。教育资源质量的高低决定远程教育是否能因人而异地满足学生的需求，更关乎着网络教育的有效性和社会认可度。目前，网上的教学资源虽然很丰富，但是适合教育教学的却不多，教育内容陈旧，制作粗糙，教育内容多是教材的复制品，包括课程精讲、课程的重点难点介绍、习题课或是老师面授课程的讲稿再现，缺乏创新性，更重要的是教育内容没能根据教学对象的基础和学习能力有的放矢地进行制作，教育资源呈现静多动少的特点，难以因材施教，导致远程教育效果不佳。

（二）师生缺少沟通，难以适应学习环境

目前，我国的网络远程教育基本上是采用分点式的教学方法，师生在沟通上存在一定的障碍，老师对学生的辅导与面授相比次数要少得多。由于网络教育的受众比传统教育要多，老师对学生的辅导时间分摊到每个人身上就会很少，必然导致辅导效率低下，学生一个问题上没能理解，就会影响以后的学习积极性。此外，由于受传统教育模式和学生思维与心理定式，接受网络教育的自主性较差，这是导致网络教育效果差强人意的又一原因。

（三）远程教育模式化，造成资源浪费

目前，各个高校都开展远程教育，同一专业领域教育内容相似，缺少个性，高校为了盈利盲目招生，招生门槛低，生源质量参差不齐。冗长枯燥且偏离实际生活的教学内容难以激发学生的积极性，参加远程教育的学生一部分是为了获取文凭而非提高自身的知识储备与实践能力，远程教育目的的偏离，造成教育资源的严重浪费。

（三）微课程对传统远程教育教学模式的影响

针对传统远程教育的弊端，微课程凭借强大的优势如火如荼地发展以来，已经成为知识社会必不可少的教育手段。微课程是指建立在建构主义方法论基础上，通过在线学习或移动学习来达到实际教学目的的一种教学手段。凭借其短小精悍、随时

随地可以进行学习的优势定会成为炙手可热的教学手段。

三、微课程的特点

（一）微课程具有明确的目标，内容短小精悍，独立性强

微课程是由相对独立的知识专题构成,容量小、针对性强、课程时间短、学习目标清晰。目标小而清晰,可以准确地对学生进行定位,可以创造性地根据每位同学的需要使用 ICT 工具获取与分析知识信息,并运用计算机信息技术解决问题,有效地解决了传统远程教育模式目标泛泛的弊端。

微课程可供选择的范围广泛,可以针对不同的人群。微课程的教学内容基本上都是一个具体的点或是具体的专题,不像传统的网络教育是一个大的知识面。学生可以通过手机、电脑等完成学习,学习内容多是学生日常所需的专业性问题,短小精悍且针对性强,不仅可以解决工作中的困惑,而且简短的内容制作不至于使学生感到厌烦。

（二）微课程教学模式的优势分析

1.微课程教学模式强调以学生为中心

微课程是将学生群体进行划分,以具体的某一专题为核心,进行组织设计,对学习情境、资源十分重视,使已经与社会脱离的知识学习中回归到真实的生活源泉中来,使学生由单一被动地学习转变为积极主动地学习,通过老师的指引帮助学生形成不同形式的学习框架,开发学生的思维,使学生知道如何学习,学习什么。教师通过设计一些和现实生活密切联系的专题来激发学生深层次地思考学习,不仅能够解决生活工作中的困惑,更能提高学生的实践能力。

2.微课程教学模式具有很强的实践性、实用性与可操作性

智能手机的普及为微课程的发展提供了广阔的土壤。移动学习将引领网络学习的热潮。智能手机和微课程的完美结合为学生提供了一个新的学习环境和学习方式,具有很强的实践性、实用性与可操作性。

3.微课程可以因材施教,引领学生自主学习

随着现代人生活节奏的不断加快,人们面临的工作压力也不断增大,人们许多知识的获得都是通过非正式学习的渠道,例如和朋友之间的聊天,上网浏览网页、报纸、信息牌等。像这种非正式学习的渠道,微课程也可以做到。微课程可以将原有的课程拆分成不同的知识点和专题,形成一个个理论解析、flash 演示、实战案例、情景模拟等片段,形成一个拥有大量视频信息的数据库,通过搜索引擎学生可以根据自

己的需求自行选择，真正地做到因材施教。

四、远程教育微课教学模式的发展探索

发展微课程教学模式离不开计算机技术。计算机技术的运用主要体现在微课程的设计与制作过程中。首先，要利用计算机多媒体技术对微课程方案进行设计以及利用计算机数据技术对微课程的开发模式进行设计与制作。例如，利用计算机技术对教程的文本节字、图形文字、动画文字进行编辑，根据微课程的教学目的、对象、内容选取不同的计算机技术进行开发制作。其次，微课程的整个过程包括课程选题、制作教学、习题等课件、拍摄教学实施过程、视频处理、视频传输等，这些都需要计算机技术的支持。可以说微课程离开计算机技术将无法生存，本节在运用计算机技术的基础上探索适合远程教育微课程的发展对策。

（一）强调人机互换，微课程设计从细节充分进行深度设计

微课程的妙处在于将某个专业或是某个课程，划分为一个个小专题，使学生理解更透彻，这就要求教师必须从细节出发，在整体把握教材的基础之上，制作微视频，使教材的重点更突出，提高学习的有效性。与此同时，教师在制作微视频的时候要注重教学的二次开发，即制作可以使学生在终端设备上通过鼠标和键盘完成操作的视频动画，模拟现实实验，使学生对知识掌握地更牢固。例如，初中化学课程的实验室制取氧气的实验，可以通过动画视频模拟操作的方式引导学生进行学习，实验操作中的每个细节和注意事项在视频中都设计语音提示，一旦出现操作错误，系统可以及时进行纠正，模拟实验视频动画不仅可以给学生留下更直观的印象，而且与课程实验相比安全性更高。而且，视频动画可以根据学生的理解能力，进行反复的观看和实验操作，不仅节约成本，而且可以因材施教。人机交互型的动画视频对学生主动思考、深入理解问题起到了重要的激励作用。

（二）加强微交互反馈系统建设，加强师生间沟通

提高学生学习效率的重要措施主要有两方面：一是提高学生学习积极性，激发学生自主学习；二是教师对学生学习过程及时地监督、督促，发现问题，解决问题。微课程有助于这两个方面的提升。学生可以根据自己的兴趣和需求进行学习，通过搜索引擎的设计，学生可以快速地找到自己所需的知识点。通过账户管理，微课程教师可以及时地掌握学生在线学习动态，对学生学习需求和薄弱环节进行指导，并为学生扩充相关联的知识点，为学生知识点的学习进行补充。例如，通过微课程学习英语发音，通过师生互动，可以在学生发音不准时及时纠正，可以随时随地地帮助学生

学习英语,当学生发音标准时通过赞美或是打高分给予鼓励,提升学习的积极性。通过建立有效的激励平台,可以将学生的学习表现转化为网络积分或是奖状,不仅便于监督学生的学习过程,更能够起到激励作用。

（三）利用信息技术的普及，开拓新型微课堂

由于信息技术的普及,绝大部分的人都拥有智能手机,每个学生自带信息设备进行学习终将成为现实。传统课程的组成机构将会发生变化,那就是学生可以随时随地的利用自己的移动终端设备(例如手机、平板电脑、MP4 播放器等)学习原来在课堂上老师教授的内容;而老师可以改变自己的教学方式,将课堂上需要讲解的教材重点、易错点、难点制作成 PPT 或者"微视频"等让学生自主学习,而在课堂上通过师生互动讨论主要帮助学生解决不懂的问题,可以大大提升学生学习的积极性,极大地激发追求教育改革的人们的浓厚兴趣。

（四）增强数据资源建设，更好地满足学生学习的需求

微课程数据资源越丰富,越能满足学生的个性化学习需求,实现按需求选择性学习,既可查漏补缺、又能强化巩固。教师把学习内容进行示范性说明,做成微课程视频展示给学生,再给学生制作表格用于记录探究过程,学生填完表格就完成了数据收集,再根据记录数据来"大胆猜测"和"小心求证",最后,教师组织学生讨论研究过程和结果,得出一些结论,生成相关的陈述性知识。多增加可操作性的学习内容。对于可操作性强的教学内容,可放手让学生通过操作来学习相关知识,教师的作用就是向学生提供探究学习材料和做一些引导,使学习有较强的目的性,可以更好地实现互动学习。

第五节　教育计算机网络课程远程实验模式

教育是我国高等教育的重要组成部分之一。教育的健康发展,对提高在职人员的职业素养、推动经济建设和社会发展有着重要作用。对于参加信息技术类继续教育的成人学员来说,计算机网络相关课程是重要的、基础性的课程,这类课程的实践要求特别高,实验教学是课程学习中重要的、必不可少的环节。面对教育计算机网络课程实验教学存在的问题,如何构建远程实验平台,设计适合成人学习的实验内容和项目,研究符合成人学员特点的远程实验模式,本节进行了有意义的探索和研究。

一、教育实验教学存在的问题

教育一般有专门的学校，如国家开放大学、各级广播电视大学、成人文化技术学校等。普通高等学校一般也都设有教育学院或继续教育学院。但是，教育的教学模式往往是高等教育的翻版，教学内容和教学模式包括实践教学环节方面，通常沿袭了普通高等教育的做法，在实验教学上存在着不少问题。

（一）实验教学不受重视

教育面向的是已离开学校的社会从业人员，注重学习内容与实际应用相结合。但传统的教育往往照搬全日制普通高校的教学内容，重基础理论，轻实践应用，很难满足学员的愿望。

（二）实验课程的安排存在难度

教育有网络教育、开放教育、函授、夜大等不同的形式。学员边工作边学习，难以保证集中授课的到课率，也难以采用传统教学方法安排实验课程。

（三）不具备实验教学支撑环境

计算机网络实验教学设备价格相对较高，设备、设施的数量和实验场地的空间有限。特别是网络教育的终端教学点和成人文化技术学校，很难为成人学员提供专业的实验室。

缺乏实验辅导师资传统的教育往往缺乏专职教师，课程教学和实验指导一般聘请高校或公司企业兼职教师。短期的教学过程结束后或课外学习中，学员难以获得相关的实验操作指导。

二、教育远程实验平台的构建

浙江广播电视大学自2000年以来，一直注重远程实验教学的落实。2006年起，在浙江省财政厅的大力支持下，分三期建成了远程开放实验室。实验室建立的目的就是巩固和丰富教育远程开放课程的学习，加强电大系统和高校在远程实验教学方面的联系，宣传和推广远程实验教学的新成果。建成投入使用的远程实验平台可以让成人学员在家完成远程实验，增强了成人学员实践技能和动手能力的培养。

浙江广播电视大学远程开放实验室由三部分组成：远程实验中心、本地开放性实验室、软件研发中心。远程实验中心由远程实验平台、实验资源库和实验教学管理系统组成；本地开放性实验室主要是为了满足本地学生实验学习的需要；研发中心则以远程实验平台和课程实验软件的开发为主要职责。远程实验平台采用NET

技术和 XML/HTTP 等国际标准设计开发,依托于 SOA 的开放式系统架构,各层次逻辑清晰,功能明确。在通信方式上,借助 Web Service 实现平台与教务系统和接入的实验项目之间的通信。平台基础软件采用微软的 SQL Server 数据库和 Windows Server 2008 服务器操作系统,具备良好的安全性与可靠性。计算机网络远程实验平台作为实验室的一部分,可以促进学员对通信和网络相关概念的理解,提供协议实现、网络设备配置、局域网组建等实验项目,由北邮网络虚拟实验平台和锐捷计算机网络实验平台两部分构成。

在此基础上,根据成人学员的特点以及教学管理的需要,围绕实践教学目标组建教学支持服务和管理团队,将平台中的角色分为实验中心管理员、教学管理员、课程责任教师、实验责任教师、教学点管理员、实验辅导教师、学员等。对支持服务和管理团队的全体人员设置权限,明确职责,规定管理体制及信息交流等一系列管理职能,并确定教学管理组织内部上下级之间隶属关系和横向间的分工协作关系。

三、教育远程实验的内容设计

(一)实验内容设计原则

1. 实验要求与工程需求相结合

从教育的特点和计算机网络课程本身的教学目标看,实验内容需要注重新颖性和实用性。计算机网络实验教学生命力的关键在于教学要求与工程需求相结合。网络技术发展快,设备更新快,实验项目必须跟上现实的工程需求,要注重实验项目的实用性。通过实验,成人学员学会独立完成网络的设计和组建过程。

2. 实验目标是培养动手和解决问题能力

在学习了计算机网络理论知识之后,网络实验是为了让学员掌握计算机网络的设计、组建、配置、管理与维护,培养学员的动手、分析、解决问题的能力。实验内容可以分为基础型、网络配置型、综合型等类型。基础型实验主要是为了促进理解、熟悉实验环境等;网络配置型和综合型实验则是为了加深理解、提高动手和综合解决问题能力。实验平台的教学内容应偏重于网络配置型和综合型实验。

3. 实验形式符合成人学习特点

实验平台上的实验项目是多种形式、循序渐进的。基础型实验和网络配置型实验最好能借助仿真和虚拟现实、图形图像等技术,拆分成多个短小、界面美观、多平台支持的实验单元,让学员在短时间内掌握单个网络基本操作技能。实验项目是平行或递进的,实验项目之间有先做后做之分,符合教学要求和最近发展区理论。而综合型实验则按任务进行设计,以项目驱动教学的形式供学员汇总融通和应用探索。

4.实验内容包含实验前测和具体操作

计算机网络课程概念多,协议抽象,原理复杂。为了提高成人学员动手操作成功率、加深学员对相关知识点的理解,实验内容可以分为两部分:实验前测和实验操作。只有事先部分或全部掌握了实验过程中需要的前期技能要求,才能开始实验。实验前测就起到了检测的作用,既可检测基础理论知识,也可以检测实验的相关要求。实验前测应当有及时反馈功能,以便学员尽快掌握具体知识点。

(二)远程实验项目具体设计

在三种类型的实验项目中,基础型实验以计算机网络原理演示类实验为主,共计21个,包含网线及其制作过程、邮件传送协议、分层传输、连续 ARP 协议、交换式虚电路服务等项目。网络配置实验主要为服务器和网络设备配置实验。其中,DNS、WEB、DHCP 等服务器的配置实验共计5个,路由器配置实验、静态路由的配置实验、交换机的端口配置实验等共计27个,另有网络安全类实验11个,如密码算法实验、虚拟专用网实验等。基础型实验和网络配置型实验均以虚拟仿真实验为主。综合型实验主要有嗅探、防火墙配置等实验项目,建立于锐捷实验网络平台,既可以远程预约完成,也可以在本地实验室完成。

四、教育远程实验的教学方式

浙江广播电视大学远程开放实验室抛弃传统实验教学的模式,探索了一条适合教育计算机网络课程远程实验教学的新模式,发挥了远程网上实验对成人学员网络技能培养的重要作用。

(一)实验项目的选择方式

计算机网络远程实验平台实现了时间、地点、实验项目开放。学员可以在平台上由教学单位统一注册。实验责任教师开放所有可选的实验项目,教学单位实验辅导教师选择发布合适的实验任务。学员完成必做的实验项目,可以选做其他的多个项目。辅导教师还可以根据选课情况,对学员进行合理的分班和分组。

(二)实验教师的远程辅导

实验辅导教师录制与实验项目匹配的微视频资源,供学员线上学习。微视频资源是教师的实验指导视频,也是实验项目的操作实录。学员在实验平台的实验过程中,教师通过平台的监控功能以及即时通和实验社区模块,随时给予帮助,排除实验障碍,让学员顺利完成实验,掌握技能。实验辅导教师还可以适时地开展网络设备使用和组织实验重点难点的讨论,组织实验后总结点评,帮助学生积累经验。远程开放实验室组织多次师资培训,以提高实验辅导教师的实验教学和远程辅导水平。

(三)成人学员的实验方式

成人学员学习了网络基础知识之后,首先进行实验前测,前测合格后,可以在网络环境下观看实验项目操作微视频,也可以根据实验任务,在实验操作平台直接开始实验项目的操作。实验平台充分赋予学员自主学习的权力,基础型实验和网络配置型实验不需要预约,可以随时操作,也可以实验多次。综合型实验由于涉及实验设备的远程配置,往往以小组为单位进行,需要教学单位或学员个人进行实验预约。

(四)远程实验的考核方式

计算机网络实验的主要目的是提高学员综合素质和创新能力。考核可以面向实验过程,也可以面向实验结果;可以是定性考核,也可以是定量考核。基础型和网络配置型实验中,实验过程事先精心安排,演示型和验证型实验居多,考核成绩可以由平台及时予以反馈。综合型实验中,需要进行实验方案和实验路线的设计,实验内容具有探索性,考核的重点是实验过程环节,考核方式以实验报告为主。实验结束后,可以在实验社区由学员重点陈述遇到的问题和采用的解决方案,教师进行点评。

2013年秋季学期,湖州、嘉兴、丽水等8个教学点共86名学员参加了网络课程远程实验;2014年春季学期,金华、舟山、衢州等10个教学点共106名学员参加了网络课程远程实验。由于学员能在家里远程操作,可借助视频资源学习和模仿,实验通过率达到80%,学员总体反映良好。

基于网络的虚拟实验模式,既是网络教育发展的主流和趋势,也是实验教学改革的主导方向。计算机网络远程实验平台自从面向电大系统投入使用以来,还在教育、开放教育、中小学教师领雁工程培训、电大系统师资培训中进行了多次运用,取得了很好的教学效果和社会效益,同时也提高了教育计算机网络课程的实验教学水平。今后,将进一步探索新的远程实验教学模式,改革实验教学内容,为教育、继续教育、非学历教育搭建更完善的计算机网络实验实训支撑平台。

第六节 计算机应用基础远程互动教学模式

教育事业的不断发展、新课程标准的不断改革,对计算机应用基础课程也提出了更高的要求,远程互动教学模式更适用于目前的教学现状。本节从计算机应用基础特点出发,对教学模式存在的问题进行初步探析,并对如何开展计算机应用基础远程互动教学提出建议,希望有所帮助。

计算机作为信息化、科技化的产物,已经极大地提高了人们的生活、工作效率。而信息技术的普及使得计算机人才缺乏,各大院校为了培养人才,均开设了计算机应用基础相关课程。在当前背景下,学生计算机能力直接关系到将来的就业前景。加强学生的计算机实践能力培养应该是远程互动教学关注的重点问题,也是顺应当今时代社会发展的必然趋势。在这样的背景下,如何开展计算机应用基础远程互动教学,将直接影响计算机教学效果和学生的计算机应用能力。但《计算机应用基础》课程与其他课程有一定区别,不仅要求学生掌握理论知识,更要有一定的实操能力。为了规避现阶段计算机教学模式存在的问题,全国多数院校正在向远程互动教学转变,将在线教学与传统教学相互融合,以丰富计算机教学体系,丰富学生的创新能力。

一、计算机应用基础课程的特点

计算机应用基础是职业教育、高等教育和开放教育等的专业必修基础课程,主要包括计算机基础知识、操作技能等诸多方面,具有较强的实践性。该课程旨在通过学习、实践,提高学生的计算机应用能力和水平。计算机应用基础课程具有以下特点:

学习内容的全面性。虽然现在很多学校在小学就已经开设计算机课程,但学习内容却有很大差别。以中学为例,中学的计算机教学内容缺乏深入性、全面性、系统性,而中职以上的计算机教学将计算机知识系统化、模块化,能让学生对计算机的使用方法,如 EXCEL、ACCESS 等更加熟悉,为今后的学习、工作奠定基础。

学习内容的整合性。与其他课程相比,计算机应用基础课程能够将教学资源整合,教师可以充分利用计算机技术进行教学,以便更好地实现教学目标和教学效果的统一。

学习内容的实操性。计算机应用基础的实操性较强,仅仅掌握理论知识是远远不够的,其核心目标就是培养学生运用计算机解决问题的能力。较之其他课程,计算机应用基础需要死记硬背的知识点很少,不需要以枯燥的考试卷来评价学习效果,更重要的是教会学生如何运用计算机解决实际问题。

每个学生的能力层次不同,计算机水平参差不齐。虽然随着网络的发展,一部分学生能够对计算机和智能手机游刃有余地操作,但仍有一部分学生对计算机不够熟悉。如果按照传统地"一刀切"的教学方式,学生的差距会越来越大,不仅表现在打字速度、办公软件、操作系统的使用上,甚至会影响到日后的计算机学习。此外,对计算机基础薄弱的学生来说,很容易产生厌烦情绪甚至逆反心理,觉得计算机教学内容枯燥乏味,久而久之,失去学习动力。

教师教学方法单一。计算机应用基础课程的实操性很强,但是目前仍有大部分教师沿用传统的教学模式,一味地向学生灌输课本知识,忽略学生的吸收能力。甚至是照本宣科讲理论,很难满足学生的学习需要,在课堂的趣味性、互动性方面也做得不够。

教学管理松散。虽然诸多院校将《计算机应用基础》设为必修课程,但该课程与其他专业课程不同,无论是学校还是教师,没有将其视为与其他专业课程同等重要,而是有所侧重。这就导致教师在开展课堂教学时只管完成教学任务,对教学质量的好坏高低概不关心,对学生的表现也是不闻不问,长此以往放任下去,不仅没能培养学生的计算机应用能力,反而助长了学生的懒散、不求上进心理。

二、计算机应用基础远程互动教学特点

基于以上计算机应用基础课程特点和存在的问题,很多高校引入了先进的互动教学模式,有条件的院校专门设置了交互式多媒体教室。这种新的教学模式对教师来说也是一种挑战,教师不仅要亲自设计教学课件,还要准备多种多样的教学示例。其教学环节主要包括以下几方面:第一,利用多媒体技术进行课件展示,教授学生知识;第二,利用事先准备好的示例演示教学;第三,根据每节课的教学内容和知识点的差异,调整课程教学示例,并选择适当的方法和技巧进行课堂演示;第四,在课堂上或者课余时间,给学生布置与教学内容相关的实验习题。与传统的教学模式不同的是,新型教学模式更加直观,不再是单纯的粉笔加黑板、教师加学生,而是充分发挥学生的主体性作用,让学生主动参与到课堂教学中来,过去一节课的内容,现在可能十几分钟就可以完成,大大提高了计算机课堂的教学效率。

三、如何开展计算机应用基础远程互动教学

在远程开放教育背景下,实践教学应该与理论教学一样受到重视,加强学生计算机应用能力培养,利用好远程互动教学模式必要且重要。

进一步明确教学目标,围绕目标设计内容。加强计算机应用基础课程教学实践符合社会发展的需要,特别是在开放教育背景下,计算机教学被提出了更高的要求。一方面,教师和学生要掌握丰富的理论知识;另一方面,要将所学的理论知识转化为实际应用,并灵活运用这项技能来解决学习、生活乃至工作上的问题。因此,有针对性地培养学生的实操能力,帮助学生形成良好的信息素养,是教师应尽之义务。作为教学活动的设计者,教师先要了解学生的能力水平,掌握所教学生的层次差距,结合

实际教学情况和学生的吸收能力,明确计算机应用基础课程教学目标,同时根据教学目标灵活设计教学内容。与传统的教育模式相比,开放式教育高度关注学生教学主体性作用的发挥,教学不拘泥于课堂,学生可以在任何有网络的地方满足对知识的渴望。如果在学习过程中出现疑难困惑,则可以通过QQ、微信、电话等通信方式向教师和学生寻求帮助,第一时间解决存在的困惑和难题。因此,教师不仅要完成课堂教学任务,发挥教学指导作用,还要学习适应新的教学方法,不断完善教学内容、优化教学中存在的问题。

《计算机应用基础》课程作为各大院校的公共基础课,有很多院校要求学生报考全国网络统考,通过无纸化考试则可获取相应的证书。远程互动教育与传统教学模式不同,受年龄限制较少,任何年龄段且符合条件的学生均可以通过这样的形式进行学习。由于部分学生已经步入家庭、走向工作岗位,对计算机的投入精力不多,这就导致了学生之间的差距较大。教师在设计教学目标时,理应结合学生的生活、学习实际情况,根据学生的能力水平划分小组,比如学习互助组等,督促学生通过互相帮助的形式来完成学习任务,不断提升自己的学习能力、计算机应用能力和协作能力,从而提升计算机教学效率。总的来看,这种教学优势较为明显,教师一定要注意教学目标的设计,因材施教,切不可脱离学生实际。

教师要不断提升自己的专业素养。虽然远程互动教学模式注重学生主体性地位的发挥,但教师仍然是教学过程的主导者、教学节奏的掌控者,其专业素养将直接影响到计算机教学的效果和水平。作为教师,要不断提高自身的专业素养、理论水平和实际操作能力,同时要掌握一些心理学等方面的知识,抓住学生的心理特点,才能有的放矢。要根据教学实际情况,联系学习、生活、工作实际,为远程教学积累丰富的经验,以便更好地站在学生的角度,了解学生教学所需,在提升计算机教学质量的同时,提升自身的专业素养和解决实际问题的能力。此外,各大院校要多给教师创造进修学习的机会,鼓励教师参加学术性会议,及时了解最新的学科发展动态,将课本上的理论知识深度融合,确保理论知识紧跟时代发展的步伐,保证教学的时代性。

要注重计算机应用基础的课程实践。理论教学是基础,实践教学是理论的升华。教师应根据不同的教学对象,选择不同的教学方法,更好地激发学生的自主学习能力、创新能力,在培养学生自信的同时,实现理论知识的内化升华。目前,多媒体技术被广泛应用于各学科教学中,信息技术也被充分利用在各行业各领域,网络教学、网络办公的优势不言而喻。借助远程互动教学来拓展教学时间和教学空间,能够给学生更多的思考时间,层次差的学生可以有充分的时间来消化吸收所学,层次好的学生则可以利用较快的时间完成教学任务,将注意力放在课程实践上。比如,教师可以根据学生的平均水平来设计教学内容,再根据教学任务布置在线作业,让能力好的学生拓展知识点,能力差的学生巩固课堂所学。总之,远程互动教学模式给予学生更多自由锻炼的空间,既可以摒弃传统教学模式带来的枯燥乏味,又可以让学生发挥教学主体性地位,以便更好地培养他们的计算机应用能力和实践能力。

利用好 WWW 技术进行远程互动教学。目前的远程互动教学基本都是基于 WWW 技术,根据不同的教学模式可以将课件分为超文本编排和协同模式两种,超文本编排的课件交互性较差,师生交流存在一定的异步行为;而协同模式是将教师和学生置于“虚拟教室”中,利用网络来模仿传统意义上的面对面教学行为,这种情况下的课件要求更高,不仅要涵括基本的知识点,还要具备协同交互功能。教师在制作课件时,要包括以下几方面:通过 HTML 设置页面学习;通过 BBS、FAQ、聊天室设置网上讨论功能;预先设置习题库供学生练习,并给出答案供学生判断;在课程最后设置网上测试,对学生的学习效果进行摸底。

总之,远程互动教学使得教学关系发生了诸多变化,教师一定要不断探索教学方法,以更好地培养学生创造力、计算机应用能力。

第七节 远程开放教育计算机课程实践教学模式

本节结合远程开放教育计算机课程实践教学,主要阐述了计算机实践教学既是理论教学的继续与补充,更是对理论教学的深化。任课教师必须更新观念,创建理论与实践紧密结合的教学新模式,要精心设计实践教学全过程,认真抓好实验的每一个环节。实践教学不仅可以提高学生的动手能力,还可以提高学生对计算机的学习兴趣。为了提高学生的应用能力和创新精神,必须加强实践教学。计算机实践教学改革能否顺利进行,关键在于教师。

实践教学是高等学校实现人才培养目标的重要教学环节,对学生的创新精神、实践能力和综合素质的培养有十分重要的意义。学生通过实践进一步理解和巩固所学的计算机理论知识,掌握基本技能,激发学生的创新精神,提高学生应用能力,增强学生的综合素质。笔者就自己多年来在教学工作中的体会,浅谈以下几点。

一、更新观念,创建理论与实践紧密结合的教学模式

实践教学在培养学生操作技能的同时,又能更好地促进学生吸收、理解、掌握专

业理论知识，使学生在理论基础上得以提高，并在此基础上不断补充理论、新知识，用于指导新的实践。实践教学是基于理论教学基础上的知识迁移过程，提供学生巩固理论联系实际的机会，学生通过应用理论教学中的知识模型，树立专业知识结构，完成理论与实践的融合。

（一）明确培养目标，加强实践教学

开放教育学员大部分是工作多年的职工，他们与普通大学生相比有年龄差距大、基础参差不齐、理解能力较强、记忆力减弱等特点。按照教育部应用型高等教育人才培养的导向性，改革了计算机专业以理论为主的传统培养方式，提出以应用型为主的新的培养方式，将计算机专业人才培养目标定为信息技术应用人才。根据目标细化提出相关的理论知识模块，再结合实际案例进行讲解分析，并在老师的指导下进行模拟操作，最后由学生独立完成课程相关的项目，以使学生学有所用。加强实践教学就是要本着学用结合、按需施教和注重实效的原则，使学生真正学到目前社会需要的知识和技能，应特别重视技能的培养。

（二）理论与实践紧密结合

计算机科学的课程不但有较强的理论性，也有较强的实践性，理论和实践是紧密相关、相辅相成的，理论指导实践，实践加强对理论的理解。实践教学是与理论教学相对应的概念，两者区别的根本点在教学的形式上。实践教学是学生在教师指导下以实际操作为主，获得感性知识和基本技能等一系列教学环节的组合。它是为配合理论教学，培养学生理论联系实际、提高分析问题和解决问题的能力。加强专业实践能力训练是计算机教学不可缺少的重要环节，也具有举足轻重的作用。

二、精心设计，提高实验课堂教学质量

计算机课程是实践性非常强的课程，也是着重培养学生实际应用能力的课程。在实验教学中应坚持指导与辅导、教师演示与学生操作相结合的教学方法。教师既要做示范，手把手教学生操作，又要从引导学生发现问题、分析问题和解决问题的角度进行有针对性的指导，直到学生通过实验、相互探讨完成所规定的实验任务，有意识地培养和提高学生的分析问题和解决问题的能力。加强上机实验环节的教学是培养学生应用能力和创新能力的关键环节，抓好这个环节，就可以使学生的应用能力扎扎实实地得到提高。

教师应根据教学内容精选一些案例做演示，还要精心设计任务，每个任务要求学生掌握几个技巧，"任务驱动"对学生来说，开始是模仿，制作出与教师的"作品"一样

的作品，当积累了一定的经验和技巧后，学生便可创作出丰富多彩的个性作品，创新能力便可得到发展。如在开放教育 2010 春计算机科学技术本科班《VB 程序设计》课程教学过程中，讲到 VB 数组的应用时，采用了"任务驱动"教学。总任务是输入一个班的成绩并进行求和、排序等，要求第一步任务是将一门课 20 名学生的成绩输入数组 A 中；第二步任务是对输入的成绩求和、求平均；第三步任务是对成绩从高到低进行排序；第四步任务是设计窗体界面、相关控件及其属性设置；第五步任务是将成绩求和、平均的数据在文本窗口中输出。整个过程是在完成前一步任务后才能进行下一步的任务，在教师的演示和对学生完成每一步任务过程中存在的问题进行实时辅导。大部分学生能按时完成教师规定的任务，少数学生由于基础差还需要课后个别辅导，才能完成本次实验任务。通过"任务驱动"教学，更能有效地调动学生的学习积极性，激发学生的学习潜能，同时能培养学生养成自我认识、自我进步和自我教育的良好习惯，整个过程收到了很好的教学效果。所以在"任务驱动"的选取方面要精，要具有代表性和典型性，同时要考虑到学生的认知特点。

三、加强实践教学，培养学生创新意识

（一）利用现代教育技术，提高学生实践技能

教师应改变传统的授课方法，合理利用互联网、多媒体教室等先进设备来开发实践性教学，调动学生的积极性，锻炼和培养学生的独立操作能力，强化技能训练。尤其是随着现代信息技术的快速发展，网络技术在教育中应用日益广泛和深入，特别是 Internet 为教育教学提供了丰富的资源，网络教学更能为学生提供一个建构主义的学习环境，充分体现学生的首创精神。比如：在 Internet 应用课程中讲到共享与交流——FTP 内容时，通过综合性实验来考核学生的学习效果。在实验机房准备一台计算机作为 FTP 服务器（IP 地址 10.71.228.16）并进行允许访问的设置，学生通过浏览器进行网上浏览、文件共享和下载资料等计算机技术实验操作。既培养了学生网上获取信息、处理信息的能力，同时培养了学生的观察能力、思维能力。Internet 课程的学习从课堂拓展到网络环境，不仅仅是一个教学方式、方法的改革，更重要的是通过网络的交互性，培养学生的自主性学习、研究性学习的能力。通过实践再认识，逐步形成学生大脑的知识网络，使学生的思维得到升华。

（二）通过综合实习，培养学生创新意识

综合实习突出了学生在教学过程的主体地位，能培养学生的良好职业行为习惯。在综合实习中学生的参与程度大大地提高，学生独立地完成一项又一项的工作任

务，在这一过程中能激发学生的责任感，也有利于学生对职业的了解和良好职业行为习惯的培养。学生在实习过程中完成一项工作之后会产生一种发自内心的喜悦，这种成果后的心理体验逐渐积蓄起来便成为继续学习的强大内趋力，从而积极探索，自觉地汲取知识，提高分析问题和解决问题的能力，增强学生的综合素质。教师也可以通过这一过程检验学生是否真正掌握了所学的知识，以及是否具备运用所学知识解决实际问题的能力，也培养了学生的创新意识。

（三）通过毕业设计，提高学生创新能力

毕业设计要求学生综合运用所学的理论和技术知识，相对独立地、创造性地解决过程设计、技术应用等问题，从而得到独立工作能力的锻炼，并取得设计成果。将所学的知识进行全面综合，用来分析、解决实际问题并且为解决问题而去自学了一些新的知识，这本身就是一个创新能力形成的过程。在整个毕业设计完成的过程中，学生会受到提出问题、检索资料、分析解决问题的各种途径及关键要素、实验验证、撰写说明书和毕业答辩等基本训练，从而培养学生具有优良的思维品质，勇于探索和开拓。

四、加强实践教学，应做好以下几点

（一）重视计算机实践教学

学生与教师必须在思想上充分认识到计算机实践课的重要性，同时学校要从物力、财力、人力上加大投入力度，确保计算机的先进性与完好率，真正形成一种良好的实践教学氛围。从学生的角度来说，学生应在开课前通过参观历届学生的实验成果和认真听学校举办的计算机讲座等方式，充分认识到计算机实践课的重要性。从教师的角度来说，教师要通过灵活多样的教学方法引起学生对计算机实践课的足够重视，激发他们的学习兴趣和求知欲望，充分调动他们的学习积极性。如，成立兴趣小组、开展丰富多彩的竞赛、带领学生参观附近企事业单位计算机应用实际场地等。

（二）编写有特色的实验教材

实验指导书是教师教学的参照物和基本依据，其质量直接影响教学效果和教学质量。第一，改变教材内容，按照基础类实验、综合类实验、设计类实验来安排教学内容。第二，精简一些旧的实验内容，合并那些内容相近的实验，避免重复，增加计算机发展过程中新的实验内容。例如：将陈旧的 16 位微机接口实验设备更换为 32 位接口实验设备，Internet 网络课程的实验环境应更新为 Windows 系统，改变原来的 Win98 环境。因此，应在保证基本要求不变的情况下，根据实际情况编写具有各自特

色的实验教材。

（三）创新教学组织形式

对不同类型的实验，教师应采用不同的组织形式。学生对基础部分实验掌握的程度直接影响到后续编程实验能否顺利进行。因此，在学生做完基础部分实验以后，教师应组织操作考试，了解学生掌握的情况，对不合格者要督促其重做。对于程序设计类实验，教师可采用学生独立完成为主、教师指导为辅的教学方式。在实验方案确定以后，教师可根据任务量大小来分成不同的学习小组开展实验的各项工作，并把所有的工作都放手让学生自己独立去完成。实验完成以后，学生要写出实验报告、总结和心得体会。教师要多采用启发式和讨论式教学法，尽可能地引导学生积极思考。

（四）要有一支业务素质好的教师队伍

计算机实验教学改革能否顺利进行，关键在于教师。计算机实验教材和教学方法的改革，必然对教师提出更高的要求。因此，开发教育要采取切实有效的措施调动教师的积极性，提高教师的教学水平。同时，要创造条件让教师经常参加有关计算机实验教学的培训和学术研讨会，使他们掌握新知识，开阔教学视野，及时了解计算机理论与实验课的发展趋势、动态。一直以来，克拉玛依电大的学校领导积极组织教师申报相关的科研项目，以科研资金促进实验室建设，用科研成果充实、改进实验内容，使教师在科研中提高自身业务水平，更好地为教学服务。

总之，计算机实践教学既是理论教学的继续与补充，更是对理论教学的强化和深化，在计算机专业教学中起着非常重要的作用。教师只要认真把握实践教学的特点和规律，抓好实验的每一个环节，计算机课程的实验就能获得成功。实践教学不仅可以提高学生的学习成绩，而且还可以提高学生对计算机的学习兴趣，既培养了学生的观察能力、动手能力，又提高了学生分析问题和解决问题的能力。为了提高学生的实践能力和创新精神，必须加强实践环节的教学。

第三章　计算机远程教育考试研究

第一节　远程教育考试的改革

现代远程教育是现代信息技术发展带来的新型教育模式，是人们选择终身学习的主要途径之一。现代远程教育是通过互联网技术，利用多种媒体承载课程内容，通过网络建立师生关系的一种教育方式。它可以让优质教育资源得到有效的发挥，为不同的学习对象提供方便、快捷、广泛的教育服务。考试是现代远程教学重要的组成部分之一，考试的意义不能仅仅停留在分数上，而是通过考试激发学生的学习兴趣，培养学生的创新意识和能力，进而实现人才培养目标。

一、现代远程教育考试现状和存在的问题

考试职能是考核学生在一定时期内的学习情况，针对考试结果给予客观、公正的评价，使学生意识到学习中存在的问题和不足之处，及时改正。目前，现代远程教育考试还是采用传统的模式。采用传统模式有以下几个弊端：

规模大、成本高、环节多、保密难、工作效率低。随着教育事业蓬勃发展，选择现代远程继续教育的学生越来越多，热门课程学生有几千人，采用传统的考试模式，在印制试卷、分发试卷、组织监考教师、回收试卷、清点试卷等方面工作量巨大，考试成本高。现代远程教育大部分学生是利用工作之余学习，传统考试时间固定，这样容易和学生工作时间冲突，造成学生缺考，外地学生考试成本更高。传统的考试方式要求同一门课程在不同考点必须同一时间段举行，考试规模大，考点分散，考试中间环节多，保密工作难。试卷发放、回收都需要人工清点数量，按科目整理试卷耗时耗力，还容易出错。试卷全部回收齐全，整理清点无误后，方可进入阅卷环节，导致工作效率低。

考试题型单调、技巧性差、考风考纪差。目前现代远程教育考试题型单一，依然以填空、单选、多选、简答、论述等题型为主，成绩主要靠记忆性的知识点得分。命题没有考查学生对知识点的运用能力，更没有将知识点延伸到实际，因此采用传统的

考核方式难以检测出学生的学习能力和应用能力。由于考试的知识点都来自书本，夹带纸条作弊的现象非常普遍。随着科技不断进步，很多学生使用电子设备作弊，使远程教育学历的含金量大大降低，因此考风考纪一直困扰着现代远程教育。

现代远程教育注重考试结果，轻视学习过程。很多学生接受现代远程教育的目的仅为一张文凭，而不是获取知识，所以他们非常重视考试结果，对求学过程漫不经心，没有把学习落到实处，直接影响现代远程教育的教学质量。如果考试成为考核学习效果与评价学生能力的唯一标尺，那么学生的学习只会停留在形式上，进而带来很多负面影响，导致考试不仅没有发挥它的功能和作用，还使现代远程教育越办越差。因此，现代远程教育必须淡化考试结果，注重学习过程，让学生回归学习。

二、现代远程教育考试改革措施

现代远程教育是开放式的，对学习能力提出了更高的要求。如果现代远程教育继续沿用传统的考试模式，考核死记硬背的知识点，以分数定优劣，势必使学生思维僵化，培养不了学生分析问题、解决问题的能力。因此，考试必须改革，注重培养学生的综合能力，使学生真正能做到学以致用。

（一）实行过程考核，强化过程，弱化考试结果

考核应贯穿学生的整个学习过程，而不仅仅表现在期末考试上，因此只有实行过程考核，才能实现现代远程教育的人才培养目标。过程考核是指对学生学习的整个过程进行分层考核，主要从课堂表现、专题讨论、调研报告和撰写小论文等方面考察。

课堂表现和专题讨论是指授课教师在利用互联网上课的过程中提出问题，学生用专业知识思考问题并发表看法，同时鼓励学生主动提出问题，针对问题展开讨论。这样既可以锻炼学生的表达能力、思维能力，又可以培养学生运用知识解决问题的能力。教师根据学生的表现进行评分，进而提高学生提出问题和参与讨论的积极性。调研报告和撰写小论文是指在授课老师的指导下，从专业视角观察生活，调查生活中的现象，再运用专业知识分析问题，形成总结性的报告和撰写小论文。

过程考核由过去一项考核指标变为多个教学环节的考核。一般过程考核占比为70%。提高过程考核的占比，增强过程考核力度，目的是使学生把精力集中放在对知识的理解和应用上，进而完成学习目标。

（二）注重考试命题的灵活性和技巧性

考试命题对学生学习起指导作用，现代远程教育考试的命题必须与人才培养目

标相一致。接受现代远程教育的学生与在校大学生不同,他们积累了一定的社会经验和工作经验,学习目标明确。因此在试卷命题上,应注重考核学生对课本知识的理解、运用专业知识解决问题的能力,而不是单纯地考核死记硬背的知识点。在命题题型上,侧重综合性题型,尽量避免单纯的填空、名词解释等老题型,要依据学科特点确定题型,增加主观题、案例分析题和综合性题型的比重。只有采用这样的命题,才能检测出学生对所学知识的理解程度和运用能力,实现人才培养目标。

(三)考试方式的多样性

现代远程教育以互联网和多媒体为媒介,打破时间和空间的限定,学生分布各地,采用传统集中考试方式和现代远程教育的特点不相符。针对远程教育的特点应采取多种考试形式。主要有以下两种形式:

开卷考试。现代远程教育对象主体是成人或者从业人员,因此,课程考核内容应避免死记硬背的知识点,主要倾向分析问题、解决问题和综合应用能力的考查。基于这样的特点,可采用开卷考试。开卷考试允许学生携带资料进入考场,但试卷主要考查学生运用专业知识分析问题的能力,所以携带资料进入考场,没有参考价值。考生要想取得好成绩,必须全面掌握知识点和熟悉教材内容等。开卷考试不仅能促进学生主动学习,还能降低考前试题泄露的风险,更能有效地抑制考试作弊现象的发生,减轻工作人员和监考教师的工作量。因此,开卷考试既能准确反映学生的综合素质,又能防范考试作弊。

线上考试。线上考试是指利用互联网技术,在计算机上考试,只要有网络的地方就可以在规定的时间段参加考试。线上考试使异地同时考试成为现实,大大地节省了考试成本,减轻考务人员的工作量。授课老师组卷后,只需在线组织考试,考试结束统一在线收卷。机考让印制试卷、分发试卷、回收答卷的工作不复存在。因此线上考试一方面可以节约考试成本,降低工作强度;另一方面通过技术手段保证考试过程的安全性,防范作弊。考试结束便可以在线统一收卷,与在线阅卷系统对接,将试卷打包发送给阅卷教师。只要有网络的地方,阅卷教师可随时阅卷,在线阅卷提高了阅卷的工作效率,更能保证考生成绩的准确性。在线阅卷系统可以多指标地统计数据、分析数据,形成具有一定意义的指导意见。教师通过成绩分析报告,能够准确找到学生学习的薄弱环节,针对问题改进自己的教学方式,进而提高教学质量。

现代远程教育是实现继续教育的主要手段,其根本目标是普及大众教育,提高全民素质。考试是教学过程最重要的组成部分之一,现代远程教育考试既要符合现代远程教育自身的特点,又要实现考试的真正价值。提高教学质量,必须加大过程考核所占的比例,注重对学生分析问题、解决问题能力的培养。基于现代远程教育学生的分散性,尽量采用多样化考试,如开卷考试、线上考试和撰写论文等形式。

　　总之,如何用高质量、高效的考试激发现代远程教育学生的学习热情和创造激情,是现代远程教育面临的难题。现代远程教育工作者必须不断创新,牢记使命,建立一套适合现代远程教育发展的考试体系,才能实现人才培养的目标。

第二节　远程教育考试模式

　　依托"军队院校网络教学应用系统",建立了以"形成性评价和终结性评价"为主线,按照"集中统一、分散预约"相结合的原则,采用现代化信息技术,全方位跟踪学员"线上学习"和"线下学习""院内学习"和"院外学习"情况,对学习的全过程进行质量监控和客观评价。远程教育考试的新模式,提出预约考试、个性化考试新思路,对存在的问题进行了研究探讨。

　　"网络教育"是远程教育发展的第三个阶段,教育依托网络进行,在教育部已出台的一些文件中,也称现代远程教育为网络教育。

　　考试是评估、检验和诊断教学质量的重要教学环节,教学质量是远程教育存在和发展的生命线。我们以"远程教育"和"考试"为关键词,在"维普"数据库进行搜索,共找到320篇相关文献,文献前期研究以如何研发考试平台为主,后期研究以探索远程教育考试模式和完善考试制度为主。目前关于远程教育考核模式的研究尚处于探讨阶段,还没有形成意见一致的考核模式。

一、远程教育考核模式存在的问题

(一)考试及评价理念具有明显的滞后性

　　目前,远程教育考试模式主要包括在线考试、集中点考试和到校集中考试三种形式。在考核中,网上考试仅限于非学历教育或学历教育中可以适合在线考试的课程,所占比例较少。对于大部分课程,仍采取集中点考试,考试形式为"笔试"。这种考试与"确定时间、确定地点、统一试卷、限定人数"的院校教育传统考试模式相似,一般都是只关注分数,而对其他方面考核比例偏少,其考试及评价理念具有明显的滞后性,使得学员的学习无法得到考试的有效激励。

（二）考核模式设定过于僵化死板，不适合远程教育特点

"确定时间、确定地点、限定人数"的考核模式使得学员只能在固定的时间段内预约考试，到指定的地点参加考试。由于远程教育平台在考试报名方式、时间安排等方面还存在诸多问题，往往会出现学生因为错过信息而不能报名，或者因为"工学矛盾"导致时间冲突而不能报名，不适合远程教育"时空分离、师生分离"的实际情况。

（三）考试形式单调，缺乏对学习全过程的评定

目前，远程开放教育考核主要包括终结性考核和形成性考核。终结性考核以笔试为主，题型以名词解释、填空题、判断题、选择题、简答题等类型为主，客观题题量偏多，主观题题量过少，导致学员死记硬背基本理论知识，缺乏解决问题、分析问题和创新意识的能力培养，不利于自主学习习惯的养成。并且，"统一试卷"考核形式没有发挥出远程教育考试的优势，不符合远程教育学员"年龄跨度大、素质参差不齐、培养目标不同"的特点。形成性考核以课件学习情况、作业情况和论坛活跃度等评价为主，考核维度简单，无法涵盖学员的学习全过程情况，不能完全反映教学效果及学习结果。

二、远程教育现有基础

（一）硬件条件

硬件设施主要包括电脑设施、网络设施、信号接收设施、网络教室等一系列教学活动必备的硬件设备。随着军队信息化建设的快速发展，尤其是军事综合信息网的建设，架起了部队和院校之间的"飞行通道"。目前全军网络带宽可达百兆，网络覆盖率达90%以上，为远程教育提供了良好的硬件基础。

（二）软件条件

软件条件主要包括平台和资源环境、教员和学员个人素质以及教学管理等方面。依托全军教育训练网，总参军训和兵种部在2000年开始在全军推行"军队院校网络教学应用系统"。经过十余年的建设，培养了稳定的教学团队，建设了一大批高质量的网络课程和学科网站，实现了全军信息资源共享，形成了具备网络教学系统、拥有雄厚的师资力量、覆盖多层学习终端的远程教育体系，为探讨远程教育考试模式提供了可能。

（三）院校教育考试现状

为提高考试评价的准确性、客观性、可靠性，使考务工作向标准化、科学化和规范化方向发展，全军各院校均进行了考试模式的改革探讨。目前院校考试多采用外购或自主研发的平台，从试题（卷）库随机抽题，由学院统一组织考试和阅卷，实现"教考分离"，这在一定程度上提高了考试的公平性和有效性。考试模式也由单一的最终考核向注重知识掌握、能力培养和个性化方向转变，并采取课程论文、口试等多种考核方式，加强对学员综合素质和能力的考核。

结合院校考核模式改革的趋势和院内网络教学积累的丰富经验，针对远程教育的特点，我们进行了现代远程教育考试模式探讨。

三、现代远程教育考试模式探讨

（一）形成性评价

形成性评价，侧重对学员学习过程的关注，对其学习过程、学习策略、参与学习的交互程度、学习态度和效果进行综合评估，采用"任务驱动式"教学方式，实现"边学边测边评价"，将每次任务的结果记录下来，最后按照一定的比例计入成绩。

（1）学习过程评价。学习过程评价包括网上作业和网上考试。网上考试包括章节测试和期中考试。考虑到远程教育学员层次不一、入学门槛低等实际情况，对网上考试不通过的学员，允许其多次考试，做到"因材施教，因材施考"。

学员必须完成一定数量的课程作业才能达到巩固知识的目的。为弥补系统平台的局限性，计算题、作图题通过其他软件完成，存储成图片格式，上传即可；其他题型直接输入答案。由于网上作业一旦批阅，学员即可看到正确答案，为防止出现抄袭现象，对网上作业限定时间，要求在限定时间内必须完成作业。教员在截止时间对作业统一批阅，并将优秀作业设为全班可见，同时将作业分析结果截图，通过论坛发布，让学员可以看到所有的网上学习记录，并可了解自己的不足，以此来激励学员，形成良好的学习氛围。

党的十九大报告指出："中国特色社会主义道路是实现社会主义现代化、创造人民美好生活的必由之路，中国特色社会主义理论体系是指导党和人民实现中华民族伟大复兴的正确理论，中国特色社会主义制度是当代中国发展进步的根本制度保障，中国特色社会主义文化是激励全党全国各族人民奋勇前进的强大精神力量。全党要更加自觉地增强道路自信、理论自信、制度自信、文化自信。"在"四个自信"中，理论自信是根本，道路自信、制度自信都建立在理论自信的基础之上，同时，理论自信又是文化自信的精髓。

（2）章节测试评价。章节测试在每章结束后进行。对于章节测试不通过的学员，不允许进入下一章的学习。学员可根据自己的时间预约补考，直至考试通过，考试成绩为该章节所有考试成绩的平均值。考试期间教员在线了解学员交卷情况，对试卷的命题质量和学员的答题情况进行定性和定量的分析和统计，根据每次考试的题量大小和学员交卷时间，对试卷不断调整优化。定期公开全班成绩，使学员了解自己在学习中存在的问题及需要改进的方面，以便对学习方法及策略进行自觉调整。

（3）学习策略评价。为提高学员的理论运用能力、综合分析能力，按照贴近部队实际的要求，增强教学内容的针对性、实用性和前瞻性。充分利用系统平台论坛功能，在教学中采取案例教学、专题研究和集体讨论等多种形式。例如：组织学习小组，在指定时间内对案例或者专题进行分析，提交小组分析结果，其他小组可随时质疑。教员以引导和鼓励的态度参与讨论，将较好的帖子设为精华帖，激发学员讨论的热情。通过小组学习形式，有效地消除学员学习的孤独感，帮助其找到归属感。学员在团队合作的基础上，通过整理、综合、推论当前的实际问题，形成自己独特的假设和解决问题的方案，从而使分析问题、解决问题及创新的能力得到提高。教员通过学员在论坛中的发帖数量和质量、小组合作学习记录、学习项目完成效果及参与度进行成绩评定。

（4）学习态度和效果评价。考试模式弱化了考试结果，强调了学习的过程性，督促学员注重平时知识的积累，将功夫花在平时。教员通过电子邮件、即时通信软件、电话答疑、留言和论坛讨论等形式进行在线指导，引导和鼓励学员进行自主学习，主动查阅资料，参加小组讨论，进行知识拓展；营造自发的研究性学习氛围，激发学员争先恐后地学习正能量知识，培养其严谨的科学态度，以及综合运用相关知识的能力。教员通过学员的网上学习痕迹、学习行为表现、远程学习咨询和互动信息对其学习态度和效果进行评价。

学员的思维火花与教员的教学引导之间反复碰撞、交融、升华，不仅有效地提高了学习效率，更有利于教员不断总结教学经验，及时发现教学中的不足和薄弱环节，改进教学方法，切实提高教学质量。

（二）终结性评价

终结性评价不再采用单一的方式，而是展开全面客观、多元化的评价，可选择口试、小设计、小论文和网上考试等多种形式。

为达到"宽进严出"的目的，切实提高学员的综合素质，要求只有完成学习过程的全部任务并且通过章节测试和期中考试的才有资格参加终结性考试。由学员提交考试申请,教学管理部门网上审批。

终结性考试也不再是"一锤定音",对于由于工学矛盾导致无法在指定时间参加考试的情况,允许学员预约甚至多次预约考试时间,根据学员的任职需求、岗位需求以及部队的实际情况,学员还可选择考试形式,由考试组织人员根据学员的实际考试需求安排个性化考试。

四、应注意的几个问题

(一)加大试题库建设力度

目前,题库平台主要有院校自建或外购平台、"军队院校网络教学系统"和正在推行的"全军网络教学平台"等,不管哪个系统平台,都需要将试题库导入才能进行网上考试。所以在平台研发和完善时期,要注意提供兼容接口,增强其通用性,减少重复建设。

网上考试需要高质量并达到一定数量的试题库才能开展,所以要加大试题库建设力度。在建设使用过程中,积累题目数量的同时,要注意题目质量的优化,不断更新剔旧,以适应知识的快速更新。

(二)全面衡量教员工作量

传统考试是由教学管理部门组织的,远程教育考试中,教员成为考试的主要组织者。新的考试模式的设计、准备工作是大量且烦琐的,需要教员全身心地投入,精心地组织策划,建设、维护和更新网络试题库和案例库等。院校对教员教学工作量的考核上,要根据远程教育的特点,全面准确地衡量,而不能简单地等同于院内课程教学。

(三)加强反馈信息分析研究

在课程前期、中期、结束和毕(结)业后等各个时间段,应当跟踪联系,及时进行问卷调查和部队调研,召开教学双方座谈会,了解学员对考试改革的意见和建议。相关管理部门要及时对反馈信息分析研究,从政策导向上向新的考试模式倾斜,鼓励教员进行创造性的尝试。

远程教育考试是一个开放性系统,目前还没有形成意见一致的考核模式,我们也只是提出现代远程教育考试模式的构想,以期满足现代远程教育考试的需要和对现有的传统考试模式改革有所启发。

第三节　远程教育考试评价

考试是教育中不可或缺的环节,考试评价是判断教学效果的重要标准。近年来,国家对考试及考试评价制度的重视程度日益提高,远程教育教学过程中建立科学可行的考试评价制度成为教务管理研究的重点。本节阐述目前国内外考试评价发展的现状,初步探讨远程教育考试评价发展和改革的方向。

考试是指根据特定的教育目的和需求,由考试主体选择使用适当的教学资源和合理的评价手段来衡量考试对象某一方面或各方面的质量和水平。考试评价即以考试这种测量活动为评估对象,判断其考试目标是否具备合理性、考试手段是否具备可操作性、考试过程是否符合规律性及考试结果是否具有科学性。其功能主要体现在三个方面:一是将评价结果反馈至教学,有效地促进教师的教学改革,改善教学方法,优化教学质量,反馈和改进衍生出来的与教材相关的问题;二是根据评价结果对学习成效进行评估,选拔和甄别学生,为不同群体的学习效果提供调整依据;三是通过对不同考察群体和划分区域的结果的比较,挖掘影响学生学习动力的因素,为国家和地区制定相应政策提供教育服务的功能。因此,科学的考试评价形成的结果会对整体的教学管理工作产生极大的导向和调控作用。

近年来,国家对考试及考试评价制度的重视程度日益提高。2009年10月底,教育部副部长陈小娅明确指出,"下一步要充分发挥考试评价制度改革的引领和导向作用,深化考试评价制度改革"。《国家中长期教育改革和发展规划纲要(2010—2020年)》明确表示,"改革考试评价制度和学校考核办法"。以上均表明国家对考试评价改革的高度重视。教育部考试中心戴家干主任提出"从考试到评价"的命题,认为在当前考试改革进程中最重要的问题是如何从考试向评价过渡,他指出"利用考试的数据开展评价工作,是实现教育科学的重要途径"。考试评价制度改革已进入历史的新阶段,改革和完善考试评价制度是历史发展的必然趋势。

远程教育得益于信息技术的应用和发展,其开放性的教学模式及教学理念得以推广并受到广泛关注。随着远程教育的深入和终身教育观的确立,原有开放教育考试模式的弊端逐渐显现,成为制约远程教育发展的重要因素。本节通过研究国内外考试评价的现状,分析我国远程教育的考试评价机制的发展情况,初步探讨远程教育考试评价制度改革的方向,使远程教育的考试评价机制适应时代的发展要求。

一、国内外考试评价制度的发展现状

（一）国外考试评价机制的发展情况

发达国家一直都相当重视对高等教育规律和教育模式的研究，国外学者对考试评价机制研究比较早，对评价机制的合理性和有效性都进行了分析和梳理，形成了行之有效的测评系统和评价机制。纵观发达国家的考试评价制度，灵活性、开放性和多元化的特点十分突出，提出的各种新理念更是值得学习和借鉴。其中，美国高等教育历来注重考试服务的发展，特殊的政治经济体制进一步加速了考试服务业的发展。考试评价是考试服务业的重要组成部分，一直以来被看作是美国考试服务机构的科研和发展重点。考试评价制度的显著特点在于：考试评价方式多样，特别注重实际能力的培养，如电子档案袋评估、技能评估等评价方法，考试内容主要集中在调查学生分析和解决实际问题的能力，要求学生从多维度进行问题探讨而不作标准答案，允许学生运用所学的知识对题目进行阐述和分析，培养学生的实际操作能力；采用累积累计计分法，避免单指标评价，反映学生的过程性学习效果，在学习过程中体现对教学的反馈，保证考试成绩不仅是某次考试的结果的反映，杜绝"一考定终身"的机械性考核机制；考试反馈制度非常完善，教师根据不同的考试结果与学生作进一步沟通，判断其对问题的理解和分析能力，达到真正意义上的考评，有助于充分利用考试评价的检查、诊断和反馈的功能。

教育计划和评价系统（EPAS）作为美国考试服务机构 ACT 公司的旗舰项目与产品，是该公司秉承的"为了学习的评价"的理念的完整体现，同时也向社会充分展示考试服务应具备的服务功能。专业的考试服务机构的考试评价标准及机制中有相当一部分都是面向社会的大型成人考试，服务的考试评价理念与我国建立的学习型社会的服务理念不谋而合，对于远程教育极具借鉴价值。

（二）国内考试评价的研究现状

国内高等教育普遍存在的考试评价制度一直过分强调终结性考试的作用，即重视考试的功能远大于考试评价的反馈作用。评价选取的指标单一，评价效果片面，最终导致考试评价制度僵化、机械，普遍缺乏检验和反馈机制，结果表现为"为考试而教学"，考试的考点即是教学的知识点，导致考查的重点倾向于学生的认知和记忆能力，忽视处理实际问题的能力锻炼。考试结果既没有对考试本身做出评价和分析，也缺乏对课程教学质量的有效反馈，导学作用缺失，导致教学与考试之间出现恶性循环。尽管设立了一系列专门的考试机构，但功能不够专一，以考试管理为主，测试设计和开发投入相对薄弱,尤其是考试评价的反馈作用研究薄弱。ATA公司是中国目前较为成熟的考试服务机构,但与美国考试服务相比,对考试评价机制的科学研究较少,主要致力于改革考试技术手段。

分析造成远程教育考试评价机制僵化的原因,其中一部分就在于接受远程教育的学生的特殊性。远程教育是面向成人的开放性教育,成人学生的特点是:社会背景来源的差异性造成学习目的多样性。远程教育的学生来自于不同的职业和社会阶层,与普通学校学生相比,他们往往对于学习"功利心"都比较重,心理浮躁,学习上各方面的需求较普通高等教育学生复杂;成人学员的工学矛盾非常突出,学习的持续性不足,必须兼顾学习和工作,多方面的压力使他们不能够很好地进行系统学习,缺乏学习的持续性,加重了对学习的思想负担,只重视考试而忽略了学习过程。因此,考试评价为迎合招生需求,大部分考试评价仅以终结性评价为主,或简单几次形成性考核作业合成一个最终成绩,确定学生对所学知识的掌握程度。这种简单的评价方式只能是一种静态指标,只反映某学期的考试结果,没有对该学生的综合素质和能力进行评定,缺乏对学生个体动态发展中差异的测定,更不能对该教学点整个群体差异进行评价。它是考试工作的结束,没有或只是粗略进行考试分析,没有真正发挥考试评价在教学反馈中的作用。

远程教育考试评价指标单一是远程教育考试评价改革的突破点。目前,用于远程教育课程成绩分析的统计参数主要为常见的实考率、及格率及相关的均方差,评价指标相对简单。不同的课程间、不同的专业间缺少有效的评价方法及指标,不能对课程教学做出有效反馈。因此,考试评价的粗暴简化造成远程教育考试评价机制未能到有效发展。

在终身教育理念普及的背景下,传统的考试评价方式在很大程度上制约远程教育的可持续发展,考试评价应突破局限性,从静态走向动态,从单一走向多元。

二、远程教育考试评价制度改革方向

(一)更新考试评价观念,树立"以人为本"考试评价理念

当今社会,终身教育理念深入人心,老年教育、社区学校应运而生,这些不同的教育类型的诞生归根结底来源于人。不同的人类群体产生不同的教育需求。终身教育理念倡导人的一生是一个不断学习、不断发展的动态过程,在这动态过程中,不同年龄、不同地区、不同背景的人对教育的需求不同。而教育就是帮助和促进不同人类群体实现自身发展的重要手段。因此,教育是为了育人,人是教育的对象,与之相适应的,作为教育重要环节的考试评价同样必须首先树立"以人为本"的理念。通过建立

科学的评价机制,实现对于不同人类群体的有效评价,找出不同类型教育过程中的薄弱环节,通过不断反思与改进达到素质的提高和能力的提升,使每个人都能根据自己的个性和专长进行规划和发展,切实为"人"服务。

为了更好地为社会教育服务,解决远程教育中成人学习工学矛盾突出的问题,有效提高成人学习的毅力和热情,远程教育考试评价制度的改革方向应更加注重实际能力的考查,与时代社会接轨,与行业发展接轨,结合社会发展和行业发展需求,重视过程性学习,加强过程性考核,减少重复死板的记忆类知识点,以培养和拓展实践技能为主,促进成人学习与专业技术双重能力的提高。另外,改变教学、教授方式,从知识的点对点传授,转变为开放式、启发式学习、网上互动等多种类型的教学模式,与社会行业并轨,加快行业知识的更新,结合行业标准的评价考查,使成人学员尽快掌握与行业相关的发展资讯,激发学习的热情,引导学员有意识地提高自身学习的内在要求。借用网络实现对成人学习的考试评价,还可以在很大程度上缓解成人学生工作与学习之间的矛盾,保证学习的持久性,提高考试评价的效果。

(二)完善考试评价标准,引入多元评价体系

考试评价标准是考试评价制度的关键,应对考试评价标准的科学性做出更深入的研究。其中一个具有启发性的改革方向为多元评价体系。多元评价体系是指评价必须关注评价主体的动态发展过程,从多个角度、多个层次认识问题,收集发展过程中各方面的信息。作为考试评价主体的成人学生具有复杂性和动态发展性,决定考试评价的标准必须是多元、立体的。国际上在这方面的研究已经取得了许多研究成果和经验,我们应该借鉴国外多元评价理论,完善远程教育考试评价体系。

引入多元评价体系,实行考试评价标准多元化。远程教育考试评价应注重提高学生学习过程中的实践能力,结合社会对不同专业的定位和发展需求,制定不同的评价目标,改变当前过分注重理论考试的局面,通过科学评价甄别行业需求的人才;综合考量国内外的考试评价的研究成果,结合远程教育的特色,引入专项技能考核等多元化的评价方法,加强远程教育的过程性评价;根据不同的群体目标制定不同的评价标准,通过数据收集与分析,多维度考查目标群体,形成能够对教学有反馈作用的评价结果;考试评价不仅局限于考务管理部门的职责,应从学习、教学、考务管理三个层面上对考试进行反馈评价,评定考试评价标准的制定是否合理有效,监督考试评价过程的正常进行,维护远程教育考试的良好声誉。

（三）迎合社会发展需求，强化考试评价的服务功能

目前的考试评价集中于对人才的选拔，对于学生实践能力的培养要求不高，职业适应能力相对薄弱。国家产业调整升级，对应用和技术人才的需求越来越迫切，考试评价的社会服务功能被提升到更高的层面上。为了培养符合社会发展需要的人力资源，应合理利用考试评价制度，加强运用考试的技术手段开展评价工作，进一步深化考试评价体系建设的研究，提高远程教育的社会服务功能，促进远程教育的发展。

作为学历补偿的有效手段，远程教育必须建立开放学习和开放考试的新型机制，实施适应性的考试管理。为此，完善现代远程教育课程考试的评价机制就显得尤为重要。建立科学可行的远程教育考试评价机制对实现远程教育的教学目标、改善教学方式、优化教学模式、发挥教学效能等具有积极的意义，真正做到教学和考试相互支持，有助于提高办学质量，体现办学特色，更是巩固学校社会声誉的有效保障。

第四节　远程教育考试文化建设

考试作为教育过程的一个重要的环节，在教育发展的过程中，积累了厚重的考试文化，并发挥着巨大的作用。现代远程教育虽然起步不久，但同传统的教育形式一样，考试文化成为衡量现代远程教育水平的重要标尺，加强现代远程教育的考试文化建设，已成为现代远程教育科学发展的必然要求。因此，梳理现代远程教育考试文化的现状，设计现代远程教育考试文化建设路径是每一个远程教育工作者的担当和义不容辞的责任。本节的立意也就在此。

考试作为检验教学水平与教学质量的重要手段，在我国浩渺的教育发展史中星光璀璨，形成了底蕴厚重、作用巨大的考试文化。随着现代远程教育逐渐成为我国教育事业不可分割的重要组成，其考试文化也日益得到人们的重视。由于现代教育技术的介入，引发了现代远程教育考试环节、考试要求与考试形式的多元化，使得考试贯穿于教学始终，不仅成为检验教学质量的重要手段，也成为教育质量提升的重要措施。由此决定了现代远程教育考试文化的建设与积累成为教育质量提升的不二法器。梳理和建设现代远程教育考试文化，可持续地提升教学质量，实现"美丽的现代远程教育"目标，已是当下时不我待的大事。

一、现代远程教育考试文化建设与提高教学质量的现状

现代远程教育在发展中，也在积淀着传承中国传统考试文化内涵的基础上。借

助现代教育技术,在教学及考试过程中形成的物质与精神财富积淀为核心的现代远程教育考试文化,它不仅是对中国传统考试经验教训的消化,更是对传统考试精髓的传承;不仅是对教学质量直面考量的实践、积累、沉淀,更是检测教学过程、教学环节的指南;不仅是促进教育教学理念创新、改进教学手段的助推剂,更是彰显现代远程教育软实力的绿色通道。

笔者带着加强现代远程教育考试文化、提升教学质量的命题,在陕西宝鸡、铜川、延安、渭南、汉中五地市的电大开放教育、奥鹏教育及部分普通高校现代远程教育的师生中展开调查,共发放问卷表 400 份,回收 310 份,回收率达 77.5%。其中女性占 65%,男性占 35%。调研对象年龄 20~30 岁占 56%,30~40 岁占 39%,40~50 岁占 5%。同时与有关管理、技术、科研人员座谈,初步掌握了我省现代远程教育考试文化建设,提升教育质量的第一手资料,由此映射了这一命题的基本现状。可以说,在现代远程教育发展的过程中,考试文化的建设与积淀取得了成效,并由此为现代远程教育教学质量的提高做出了努力。

（一）高度重视现代远程教育考试文化建设

通过问卷分析发现 86% 的问卷对办学单位重视现代远程教育考试文化建设给以肯定,51% 的问卷认为应当进一步加强现代远程教育考试文化建设,并在问卷中反映了办学单位在教学过程及考试过程重视文化建设的细化比例。

（二）对以通过现代远程教育考试文化建设,提高教学质量的做法高度认知

调查数据显示,认为现代远程教育考试文化对教学质量的提高很重要的占 61%,59% 的调研对象认为加强现代远程教育考试文化建设的核心价值是提高教育质量。

（三）对现代远程教育考试文化总体与细化内容有一定认知

55% 的调查对象表示了解现代远程教育考试文化。对现代远程教育考试文化的物质、精神、制度、安全、网络、温馨、监督、评价、行为等具体内容有 7%~24% 不同程度的了解。

（四）对现代远程教育考试文化建设的主体定位及突出特色的认知到位

调查结果表明,认为现代远程教育考试文化建设需要师生共同努力的占 81%,认为现代远程教育考试文化建设以学校主体建设、学员辅助建设为主体的占 39%。同时调研结果也显示,如果让你给现代远程教育考试文化定一个关键词,特色的权重比占到 36%,位列品味、风格、精神、物质、校风、学风等词条之首。

当然，在看到成就的同时，我们也客观地认识到：对通过加强现代远程教育考试文化建设以及通过建设，提高教学质量的认知和实践，还存在许多不尽如人意的地方。

对加强现代远程教育考试文化建设，提高教学质量的认识尚不够统一。调查发现，对现代远程教育考试文化不了解的仍有 4%，不知道的占 2%。对于现代远程教育考试文化的建设，与我无干的想法占到 4%。观念更新有待进一步加强。在调研中发现，13% 的数据表明在建设现代远程教育考试文化的过程中领导并不重视，45% 的数据认为建设者观念落后。说明在加强现代远程教育考试文化建设，提升教学质量的实践中，观念更新的路还很长，可谓是任重道远。对现代远程教育考试文化建设的宣传力度还需加强。从调查中，我们不难发现被调查者对现代远程教育考试文化建设的内容有一定的认识，但是认知面不宽、不广，宣传还不到位。对建设的具体内容知晓率、认可度最高的仅为 24%。虽然有 73% 的调查问卷认同考试"温馨"文化建设，但对"温馨"体现到考试环节，却仅有 27% 认可。建设投入不足，建设的落实大打折扣。14% 的问卷认为目前现代远程教育考试文化建设的主要不足是投入的不足，并有 25% 的问卷认为影响现代远程教育考试文化建设的主要障碍是经费不足。

二、加强现代远程教育考试文化建设与提高教学质量的路径选择

尽管现代远程教育发展时间不长，考试文化的积累尚不那么厚重，但其内涵在继承基础上的实践历练中也渐渐褪去神秘的面纱，灵动地展现在我们面前，形成了以物质文化、精神文化、制度文化、"温馨"文化、网络文化、队伍文化、传媒文化、评估文化、安全文化、交通文化、设计文化等为主要内容的考试文化系统群，并在发展中衍生出新的文化内涵，在聚合、升华中构架出主流文化和核心文化。

（一）以"木桶效应"清除现代远程教育考试文化建设的短板，为教学质量的提升开好题

所谓"木桶效应"，也称短板原理。是指木桶装水的最大值取决于组成桶壁的木板是否等齐，绝不应有短板。现代远程教育考试文化建设，在思想上高度重视，统一认识，端正态度，用整齐划一的观念消弭短板，用坚定不移的投入开展建设，实现现代远程教育考试文化建设效益的最大化。

广大远程教育工作者要高度重视考试文化建设。教学质量的提升，广大现代远程教育工作的参与者将是最大的受益者。要实现这一目标，就要求广大现代远程教育工作者在考试文化建设中，思想要高度重视，观念更新要与建设同步，要用高度的

责任感与使命感,直面现代远程教育考试文化建设,提升教育质量的命题,不间断地探索积极向上的现代远程教育考试主流文化与核心文化的内涵与构架,在思考、实践中,实现建设,促进教学质量的提升。

实施"一把手工程"。对加强现代远程教育考试文化建设,提升教学质量要在高度认识、形成共识的基础上,实施"一把手"工程。由党政主要领导挂帅,从思想认识的提高、建设思路的设计、建设经费的投入、建设宣传、建设过程的落实、建设结果的评估、建设队伍的考核、建设机制的升华、教学质量的测定等方面做全面、详尽的安排、督察。"一把手"要成为考试文化建设的擎旗者、掌舵者、领航者,同时也要成为通过考试文化建设,促进教学质量提升的把关者、淬火者、执法者。使"一把手"成为现代远程教育考试文化建设的主心骨,从根本上消弭现代远程教育文化建设的短板。

科学设计、全面规划。科学设计也就是顶层设计,是开展现代远程教育考试文化建设、提高教学质量的实践指南,包括相关建设概念的定位、建设的理论基础、原则、要求等。要求现代远程教育考试文化的建设者、设计者全方位理解现代远程教育考试文化建设与教学质量提高的重要性与关系,结合本土实际,设计出科学、规范、具有针对性、操作性的通过考试文化建设,提高教学质量的路径体系框架,从而合理布局建设层次、科学分布建设重点、适度掌控建设进程、综合使用建设方法、适时总结建设内涵、不断探索建设路径、规范升华建设机制、及时考量教学质量,使教学质量的提高与考试文化建设"无缝隙""无差异""无损耗""无折扣"地对接。

(二)以"渔网效应"落实现代远程教育考试文化建设的环节,为教学质量的提升铺好路

"渔网效应"是指渔民在捕鱼时用网格稀疏的渔网,滤掉小鱼,捕获大鱼的做法。其意义是抓大放小,以大带小。提高教学质量,考试文化强调建设的全面推进是必要的,但重点是考试核心文化、主流文化的构建及教学质量的提升。由于考试文化建设内涵多元、现代远程教育机构开展考试文化建设侧重的差异,必然导致文化建设各不相同。借助"渔网效应",目的是抓核心,带全面;抓主流,上水平,将考试文化的建设贯穿教学过程与教学环节,为教学质量提高服务。

将考试文化建设覆盖于教学过程。从实践看,现代远程教育考试文化的建设并非只局限在考试过程中,恰恰大都在重要的教学过程中结合教学完成。这些建设既有实物的再造,也有思想的灌输,更有精神的凝聚;不仅有课堂的系统讲授,也有网络的资源传递,还有专题的剖析。离开了活生生的教学过程,考试文化的建设不可想

象。加之，现代远程教育考试理念，尤其是现代教育技术赋予现代远程教育多样的考试要求，必须在教学过程的实践中掌握，这才能为考试的实施奠定基础。切实有效地抓住教学过程，将考试文化建设覆盖于教学过程这个主战场是建设现代远程教育的考试文化，尤其是构建主流文化、提高教学质量的重要环节。

将考试文化建设全覆盖于考试过程。考试过程是积淀考试文化的重要环节，也是展示、创新考试文化，全面考量教学质量的主渠道。这一阶段的考试文化建设要本着突出重点、规范全局的宗旨，以务实、严肃、缜密、安全、温馨、量化、及时、全面的原则开展。考前准备、考风考纪教育、考场内外围的布局、考试的总体安全、考试制度的贯彻、考试水平的量化公正、考试结果的"温馨"反馈、监考队伍的积极向上、监考思想的形式和发展创新等都要在实践中验证、在验证中凝练、在凝练中升华。抓住考试环节，不仅是对考试文化建设的检测与再造，同时也是印证考试文化，特别是考试主流文化，更是教学质量提升的核心试金石。

将考试文化建设覆盖于总结评估过程。这里讲的总结评估既包含了个体考试过程的总结评估、考试文化建设整体工作的总结评估，也包含了教学质量提升的总结评估。总结评估是按照各自的评价标准，全面考核各自工作过程与水平的阶段，在总结评估中发现问题，积极整改，弥补缺失，促进发展，丰富内容，概括凝练，从而指导下一轮次的工作开展。因此，总结评估的过程本身就是文化建设的过程，就是以文化建设提高教学质量的过程。

（三）以"烟囱效应"，聚合现代远程教育考试文化建设的动力，为教学质量的提升储满油

"烟囱效应"是指气体从底部到顶部靠密度差的作用，沿着通道扩散或排出的现象。也就是在密度差的作用下，形成排除气体的动力。在现代远程教育考试文化建设、提高教学质量的命题中，应用"烟囱效应"原理，重点就是借用其动力效应。现代远程教育考试文化建设不能只强调建设。没有动力，这些建设都将付诸东流。一方面，积极探寻考试文化建设的源动力。要在远程教育机构、办学单位的办学指导思想、办学理念及广大远程教育工作者对远程教育考试文化建设的重视度和社会对现代远程教育考试文化建设的认知度上做文章。另一方面，积极探寻现代远程教育考试文化建设的助动力。要在规划设计、制度完善、宣传力度、内涵提升、过程落实、方法丰富、结果反馈、社会评价、科学奖惩、机制创新等层面下功夫，通过合理统筹、科学分工、有序实施、公正评价、正向奖励，激发现代远程教育考试文化建设主体的积极性，用建设的正能量推动现代远程教育考试文化的健康发展。

（四）以"夹板效应"整合现代远程教育考试文化建设的结果，为教学质量的提升执好法

"夹板效应"顾名思义，就是两块板材，同时发力作用于某一物体的现象。刚性范式、同时发力的要求，是"夹板效应"的特点。运用这一原理，就是掌控两块板，把握发力度，通过刚性的规范，考核现代远程教育考试文化建设的结果及教学质量提升的水平，并将考核结果反馈建设过程，强制约束考试文化的再建设与教学质量的再提高。"夹板效应"就是执法效应、规范效应。两块板即远程教育机构、办学单位及社会。发力度即双方对远程教育考试文化建设及教学质量提升的客观评价。刚性规范即双方对现代远程教育考试文化建设与质量提高考评、奖惩的评价标准。随着现代远程教育的快速发展，加强考试文化建设、提高教学质量，已不再是办学单位与办学机构独有的事情。实际上，社会对现代远程教育考试文化建设的参与与评估已使远程教育考试文化的建设及教学质量的提高有了实质的变化。在今后远程教育发展的过程中，对社会而言，一方面在传媒文化、评估文化、安全文化、交通文化等层面的建设上多做工作。另一方面在对通过考试文化建设，促使教学质量提高的落脚上多做客观、公正、及时的评价。对办学单位来讲，一是及时概括、总结社会对现代远程教育考试文化的发展内涵，凝练其精神实质。二是及时分析社会对远程教育考试文化建设、教学质量提高评价的结果，借助刚性的制度、标准认真整改。三是办学单位与社会及时沟通。办学单位不仅要接受社会对现代远程教育考试文化建设总体的评价，也要定时、不定时地走出校门，适时、非适时地听取社会对远程教育考试文化建设、教学质量提高的专项或随机评价。将社会的总体评价与随机评价相结合，将社会评价与自我评价相结合，及时整合评价的结果，引导现代远程教育考试文化建设。

第五节　远程教育考试方式

自 1892 年美国威斯康星大学 (Wisconsin) 正式提出远程教育这一术语以来，远程教育已经历了一个多世纪的发展历程。开展远程教育的根本目的是全面提高国民素质，使包括最边远地区在内的广大公民共同享受到国际最前沿的人文理念与科技信息。作为远程教育的一个重要组成部分，课程考核在教学活动中发挥着举足轻重的作用。当然，考核的意义不仅在于对学生成绩进行检查、评定与分析，而且应该在激发学生学习积极性的同时，能够促进学生知识、能力、素质诸方面的协调发展，并使学生的创新意识与创新能力得到培养。本节拟在把握远程教育学生特点的基础

上,重点对远程教育的考试方式作一探索。

一、远程教育学习的特点

（一）成人学习是功利性的学习

从宏观视角看,人类的所有学习活动都带有一种功利性目的,即通过间接经验的继承与直接经验的积累,以对作为活动主体的自我进行能动改造,使自我在对外在环境消极适应的同时能够对其进行积极的改造。但是,如果我们对当下远程教育学员的学习情况进行仔细研究,便会发现成人学习与全日制学生的学习活动存在着很大的差异。如果说,普通大学生是在拥有一定知识的基础上才寻求与所学知识相关的工作的话,那么,成教学员则是在一定工作经验的基础上寻求有助于自己实际工作的具体知识。从这个意义上说,成人学习较之其他学习表现出更为明显的功利性。

（二）成人学习是自我导向式学习

成人由于在长期的学习实践中已经掌握了一定的学习经验,因而区别于全日制学生的另一个特征便是学习过程中的自我导向性。它不是在教师的指导下严格按照学校制定的教学大纲进行有条不紊的学习,而是根据自己的个性特点、思维能力、兴趣爱好、知识结构等选择相应的学习方法、学习内容。同时,由于大多数成人在从事自主学习的同时并没有脱离原来的工作岗位,因而他们会适时地调整学习与工作之间的矛盾,以便使两者能够协调发展。另外,由于成人对自我的认识建立在理性思维的基础之上,因而在他们的学习中少了盲目性而多了自我导向性,能够有针对性地选择自己较为薄弱的知识环节进行重点操练,以弥补自身知识的不足。

（三）成人学习注重不断改进认知策略

学习策略是指学习者在学习过程中积极操纵信息加工过程,以提高学习效率的任务活动,其核心成分是认知策略及反省认知。从本质上讲,学习活动是一个反复认知的过程,人脑机能在认知的基础上通过信息加工程序将瞬时记忆对象转化为深层记忆材料,记忆材料的不断积累便构成了人的知识体系。相对于全日制学生而言,成人的学习活动由于在许多环境下采取自学为主的学习手段,因而他们更注重认知策略的选择。总体来看,大多数成人往往会选择视、听、练结合的综合性学习方法。当然,视、听、练三者在成人学习活动中并不是占有同等的比重和地位,学员会在不断操练的基础上选用不同的学习方法,并根据自己的学习实践对认知策略进行改进。

（四）成人学习是注重合作、交往的学习

德国社会学家哈贝·玛斯指出，人类的存在并不是以一个独立的个人作基础，而是以"双向理解"的交往为起点的。如果对于全日制学生来说，他们可以利用丰富的教学资源进行独立自主的学习，那么，成人则由于学习条件的限制而在学习中表现出更为强烈的合作倾向。从当前实际情况来看，成人在学习中可利用的资源除网络、电视、电话等远程设备以外，便只有他们身边可以获得的有限资源。另外，与全日制学生相比，成人缺乏与老师面对面的直接交流机会，学习中有了疑问多数情况下只能向周围人请教。由于上述两个方面的制约，成人在学习活动中必然会加强相互间沟通与交流，彼此为师，以在有限的学习空间中最大可能地实现知识信息的流通与学习资源的共享。

二、目前成人教育考试的现状

（一）学习现状：工学矛盾

成人考试之所以存在许多严重问题，是由成人学习的特点所造成的。从总体看，成人区别于普通全日制学生的一个根本特点是在工作之余从事学习，这样便不可避免地在学习与工作之间产生矛盾。如何在不影响工作的前提下进行有效的学习，是每一个成人学员都必须面对的难题。应该承认，由于当前激烈的岗位竞争与来自家庭的各种压力，成人平时能够用来学习的时间是非常有限的。从目前的形势看，大多数远程教育学员只能在完成本职工作之后利用剩余的短暂时间从事学习，这样必然对学生的正常学习造成很大的负面影响。也正是由于工学之间的尖锐矛盾，使得学生平时难以打好坚实的专业功底，更谈不上学习视界的开拓，因而为将来的考试埋下了隐患。

（二）考试类型：闭卷和开卷，记忆为主，综合为辅

从目前远程教育的考试类型来看，大多是闭卷考试与开卷考试相结合；从考试方式看，考察对象仍以通过记忆获取的知识为主，综合性的考察相比之下较为薄弱，大都处于辅助性地位。

（三）考风情况：违纪行为严重

远程教育考试中最令人担忧的一点是考纪考风问题。由于远程教育考试大多在考生所在地进行，组织方受各种条件的限制弱化了对考试工作中每个环节的有效监管，因而给了许多考生以可乘之机。从目前实际情形看，考生利用夹带进行作弊的现

象非常普遍。另外，随着现代化通信工具的出现，许多考生还利用高科技手段如手机、窃听器等进行作弊。除此之外，在局部地区，考生还通过贿赂监考人员以达到作弊的目的。上述种种现象表明，作弊行为在现代远程教育中已经愈演愈烈，使得远程教育学历的含金量大大降低。

三、改革传统考试方式，加强综合应用能力培养

长期以来，我国学习评价沿用传统模式，以考试成绩定优劣。评价一般通过考试的形式来实现，评价主体由教师单独担任，以及格线作为学生能否过关的标准。而考试的内容又往往是学生依靠死记硬背所获得的知识。这样一来，学生都成为"死读书，读死书"的书呆子，对所学到的知识不知如何运用，学生思维僵化，解决实际问题的能力差，更谈不上实际动手操作能力，学生的真实水平也因此得不到客观的体现。由于上述种种因素，使得学生作业很难真实反映学生平时的学习情况。解决这类问题的根本途径是对考试方式进行彻底改革，改变传统的考察、考核办法，加强对学生综合应用能力的培养，使得学生真正能做到学以致用。具体说来，改革传统考试方式我们可以从以下方面着手。

（一）大力推行开卷考试

开卷考试方式的引进是对传统闭卷考试方式的一次大胆突破。具体说来，其优点主要表现在以下几个方面：

首先，与闭卷考试相比，开卷考试不是让学生把通过背诵获取的知识写在卷面上，而是要求学生在掌握基本知识点的基础上，重点考察学生对知识的综合运用能力。因而，开卷考试往往看似简单，要答好却有一定的难度。学生如果缺乏一定的分析综合能力与实践经验，往往对这类题无从下手。开卷考试的大力推行必然将学生学习的重心转移到对所学知识的实际运用中来，而不是像过去所做的那样单靠死记硬背来取得高分。

其次，开卷考试的推行有助于培养学生的创新思维。如果说，在传统的闭卷考试中学生仅凭死记硬背现成的标准答案便可以答好试卷的话，那么，在开卷考试中，学生由于没有标准答案可依，所有的问题便需经过自己的独立思考才能完成。这对中国学术传统中唯权威是从的思维方式是一个大大的突破。由于在开卷考试中学生的自主性得到了彰显的机会，因而，学生可以面对一个没有统一答案的问题畅所欲言，通过自己的独立思考去找问题的突破口，从而使学生的独立思考能力得到有效的锻炼，学生的创新思维能力也从中得到了积极的培养。

最后，目前作弊之风之所以在考试中十分盛行，一个不容忽视的原因是学生能够根据问题在课本中找出相应的标准答案。换句话说，如果学生面对试题时没有可以直接获得的现成答案，所有的问题都带有一定的主观性，必须靠考生自己的独立思考才能完成，那么，这种局面的出现便必然会大大减少学生携带夹带进入考场的比率。从这个角度看，开卷考试由于在命题时大都定位在主观性试题上，这些试题在课本或笔记中没有相应的标准答案，因而可以有效地杜绝作弊行为的泛滥。

（二）淡化考试结果，注重学习过程

目前在远程教育学员中存在一个很大的误区：参加远程教育的目的仅仅是拿到一张高等教育文凭。表现在教育的各个环节中，是绝大多数学员对最终的考试结果给予了过分的重视，反而对平时的学习掉以轻心。按理说，学习与考试之间本应存在着一定的必然联系，学习不重视，考试肯定不能取得好成绩。但是，由于当前成人考试中存在的许多漏洞，使得许多学员可以通过作弊等手段最终以优异成绩通过考试。因此，在成人考试的改革中，必须有意识地淡化考试结果，让学生的注意力回到平时的学习本身。

（三）以考促学，重视学生综合应用能力的培养

考试作为教学活动的一个基础环节，其基本职能是通过对学生一定时期内学习情况的量化考核，以对学生的学习情况给予一个客观、公正的评价，使学生意识到自己在学习中存在的问题及需要改进的方面，以便对学习方法及策略进行自觉调整。长期以来，我们对考试的这一根本职能在认识上存在较大误区，考试不是促进学生学习的动力性因素，而被简化为确定学生考核过关与否的指标。

具体说来，我们在考试中可以通过以下途径来实现这一目标：

改革考试方案，培养学生的学习兴趣。学生之所以重视考试结果而忽视学习过程，主要原因在于他们对学习本身缺乏兴趣，学习的动机仅仅是为了获取一张文凭。由于学习兴趣在学生学习活动中有着举足轻重的地位，我们在考试中应该有意识地激发学生对于学习过程的兴趣，而不仅仅是对学习结果的重视。为了实现这一目的，我们可以改变传统的考试方式，在一些更为宽松、自由的氛围中进行考核。

利用现代教育技术，加大对学生应用能力的培养。受各种主客观条件的制约，我国考试机制中长期存在的一个严重弊端是对学生实际应用能力的重视远远不够，造成了许多学生理论素养高而操作技能低的不良现象。在现代远程教育考试中，由于各种现代化教育技术的应用，因而我们可以有效地杜绝这些现象。比如，利用计算机

网络系统,主考官可以通过网上聊天功能对远程教育学员进行一对一或一对多的"面试",从而对学生的各种潜力进行直观评价。

需要指出的是,同整个远程教育一样,远程教育考试也是一个开放系统,其中一些前沿性的理论问题还需要我们不断地去探索。笔者上述所提出的仅是一些商榷性意见,某些问题的思考可能还不够成熟,亟待有更多的学人能参与到这一论题的讨论中来。

第六节　远程教育考试管理的宏观控制

远程教育采用学院与校外学习中心合作办学的方式。远程教育学生分布广,针对于远程教育考试的管理,必须有一套控制措施作保障。主要包括考试时间节点的控制、考试方式控制、考试类型控制、考试资源建设控制、考风考纪控制、考试结果反馈控制。远程教育考试各项工作的控制,是远程教育考试工作正常运行的保障,是进行科学的考试管理、提高远程教育教学质量的有效手段。

远程教育侧重于成人教育,培养目标是为区域经济发展培养应用型人才或工程型人才。因此,应该根据成人特点和课程性质,设置灵活的考试方式,广泛采用半开卷、开卷、论文、大作业等形式。考试以理论知识够用为原则,重点考察学生应用知识解决问题的能力。我国目前有 68 所高等院校开展远程教育,一般采用远程教育学院与校外学习中心合作办学的方式。学生分布在全国各地,考点较为分散,考试人数众多,考试时间统一,应基本参照国家考试规定,制定远程教育考试的规章制度,以加强考风考纪建设,保证教育教学的质量。

一、远程教育考试时间节点控制

远程教育考试管理要有一个清晰的管理流程,其中一个重要的环节是时间节点。在开学前公布考试时间表是弹性学分制远程教育考试的特点,是一项重要工作。同一门课程,所有注册考试的学生都要考试,必须安排在一个时间段进行考试。任何一个校外学习中心考试时间不一致,都可能出现漏题情况,不符合试卷保密要求。考试时间表可以合理避开学生考试冲突的发生,是学生选课的参考。

注册考试截止时间,是学生有效注册的一个重要时间点。经常出现学生在考试注册截止后,以各种理由要求补注册的情况,校外学习者中心在注册截止前要检查学生注册情况,做到没有遗漏。

试卷寄出时间,也是一个重要的时间点。由于路途上需要时间不一,试卷的运送需要一定的时间,因此,要保证试卷考前运达校外学习中心。

远程教育教师承担试卷命题、试卷批阅任务。一次考试,教师应命制两套试卷。教师应在开学前将考试方式通知考务相关部门,以便考务部门制定考试时间表。在考前按规定时间将试卷交考务部门。教师阅卷,一般在假期进行,因采用灵活的考试方式,尤其是开卷考试、半开卷考试、论文形式考试,教师批阅花费时间长,阅卷工作量大,教师要有足够的耐心和责任心。教师至少在开学前一周将成绩公布于网站。

其他,如学生要在开学后留意考试方式,以便准备考试相关材料,查看考试携带文具,在规定的时间对考试疑问、成绩查询等。

校外学习中心承担考场安排、监考等具体任务。学生选考结束后,要对学生的选考情况进行确认,避免学生漏选等情况发生,要提前安排考场,考试结束后要准时将试卷寄出等。

二、考试方式控制

远程教育学生为成人,考试应以考察应用知识的能力为主。远程教育的考试方式可以设置闭卷考试、半开卷考试、开卷考试、论文、大作业考试等。闭卷考试,是一般考试中常用的考试方式,一般适合于纯记忆的课程,如英语、民事诉讼法。半开卷考试,允许学生携带一张记录知识点的 A4 纸进入考场,对于一些计算公式烦琐的理工类课程尤其适用。也适合于理论与实践紧密结合的课程,如财务会计。开卷考试,适合于突出实践、注重应用的课程,如司法文书。写论文的课程及做作业的课程,一般是对本门课程的综合考察,需要学生在读懂教材的基础上,抽象出自己的观点,或需要花费一定长的时间完成某种课程作业。开卷是一种考试形式,因不在课堂完成,学生可以有更加充裕的时间和精力搜集信息,更能考察学生的真实水平。缺点是,少部分学生可能存侥幸心理,直接拷贝别人的资料,或简单罗列,导致成绩无效或很差。

三、考试类型控制

远程教育学生分布在全国各地,以自主学习为主、辅导为辅。形成性考核可以有效激励学生自主学习,调动学生学习兴趣,督促学生跟上学习进度,检查阶段性学习效果。目前,形成性考核根据课程性质,应采取灵活多样的考核方式,可以采用在线作业、书面作业、课程实践及学生到课情况综合评定。形成性考核在远程教育中所占比例为 20% ~ 50% 不等,以英国等发达国家远程教育为例,通常占 50% ~ 60% 左右。

终结性考核，是远程教育考试的重要组成部分。在考试内容上，应以考察学生应用知识解决问题为主。在考试方式上，应采用灵活的考试方式，如，对于理工类课程考试成绩偏低的课程，应取消 60 分及格制，远程教育考试的及格率应限定在 80% 左右。

四、考试资源建设控制

一流的网络教育学院，要求具有一流教师队伍、一流教学内容、一流教学方法、一流资源和教材、一流教学管理和支持服务。建设远程教育题库系统，规范远程教育考试管理，提高教师命题水平及效率，是远程教育资源建设的重要组成部分。

远程教育考试一般一年分四次考试，教师每次命题都要针对远程教育目标根据教学大纲及考试大纲将考试内容重新梳理，命制试卷并试做答案，极大地增加了教师的工作量。远程教育题库系统建设，以教学目标、教学大纲及考试大纲为依据，是以知识点为结构组成的试题组合，其试题包括试题内容、答案、知识点、难度等主要参数。试题题型以填空、单选、多选、判断、问答、论述、计算、编程、设计等为主，避免名词解释。试题覆盖面大，覆盖所有重点难点，一般试题数量为一套试卷数量的 10 倍以上，试题的难度以较易、一般、难三个等级设计。

五、考风考纪控制

考试作弊的出现，会削弱学习的内动力。大面积的作弊，不仅会影响校外学习中心的声誉，也会给远程教育学院的声誉造成不好的影响。远程教育的各项考试制度建设是考风考纪的保证，主要有：试卷保密规定、学院外派巡考教师职责、校外学习中心考场安排要求、监考教师职责、学生考试纪律、考试违规处理办法等。对出现作弊的行为严肃处理。

每次考试，学院应成立由院长组成的考务领导小组，监督考试工作的正常运行，建立考务值班制度，以便应急情况处理。为保证试卷的保密性，学院相关接触试卷人员、试卷印刷单位签署印刷保密协定；按照国家管理规定运送试卷；校外学习中心要有专门文件柜保管试卷；考试前试卷封条保存完好，考后试卷及时密封；考试结束后在投递单位第一有效工作日寄回等。巡考教师代表学院检查校外学习中心考场安排工作和考试组织情况；监督检查校外学习中心教师监考工作和校外学习中心与学生的意见反馈等。

校外学习中心必须认真做好考务工作。监考教师认真履行监考职责，完成各考场的具体监考工作，考试结束，认真填写考场记录。

六、考试结果反馈控制

考试结束后，及时汇总各站学生考场作弊情况、教师阅卷出现的雷同卷情况，及其他违纪情况。有关部门处理后，及时将处理意见反馈相关校外学习中心。考试及格率是反映教学质量的一个重要指标，所有校外学习中心的某一门课程的及格率太低或太高，都说明试卷命题有问题。某个校外学习中心的考试成绩太低，是校外学习中心组织学生辅导有问题。因此，考试结束后，按课程统计考试总及格率，对同一课程统计各校外学习中心及格率，并将统计结果进行反馈。只有这样，远程教育的教学管理才能步入良性循环，教学质量才能稳步提高。

第四章 远程教育服务

第一节 远程教育服务的质量标准

随着互联网时代的到来，各类在线课程、远程教育服务得到了广泛应用。2020年新型冠状病毒肺炎疫情在全球的突发，使得远程在线教学成为学习和教育培训的主流方式，受到社会各界的关注。建立远程教育服务的质量标准和开展质量评价，就显得尤为重要和必要。本节对远程教育服务质量的相关概念、质量标准内容、如何构建质量评价指标体系、开展质量评价的程序等四个方面进行了讨论，最后对远程教育机构如何提高服务质量、提升人才培养水平，提出了几点建议。

从1998年开始，我国高校开展现代远程教育试点，68所高校先后建立了网络教育学院。近年来，各类公立或私立机构的网络教学与培训课程如雨后春笋般层出不穷。2020年年初新型冠状病毒肺炎疫情暴发以来，为抗击疫情，学生隔离、学校封闭，网络课程成为延续教学活动、联系师生的唯一选择。在线远程教育因重大突发公共事件影响而得以向全社会迅速普及，其后续影响可能将改变整个教育业态与版图。据报道，截至2020年4月初，我国参加在线课程学习的大学生就达11.8亿人次。对各类远程教育服务机构来说，迎来了一次千载难逢的发展机遇。面对新一轮大发展的浪潮声势，远程教育如何来提升服务质量，更显得尤为重要。

一、核心概念界定与意义

（一）教育服务

从市场化角度来看教育活动本质，教育是一种具有服务性质的实践活动，教育服务就是教育活动的产品，或者说是一种服务形态的产品。这种产品具有商品属性，它具有使用价值和交换价值。教育服务还具有基础产业性、交换性、市场性、生产和消费同时性、共发性以及消费的多层次性、多元性等特征。

（二）远程教育

远程教育是指区别于传统面授教育，师生通过信函、广播电视、网络等通信手段进行教学交流、实现教学目标的一种教育形式。丁兴富指出，这种教育模式的基本特点是教师与学生处于一种时空分离的状态。1998年，我国启动了"现代远程教育工程"，网络教育开始在高校普及推广。现代远程教育一般指基于互联网的第三代远程教育模式，有时又称网络教育或在线教育。

（三）社会化远程教育服务

社会化远程教育服务是指由私有或公立的远程教育公司开展的面向社会上各类学习者（包括高校学生在内）的远程教育和培训活动，以区别于各类学校内面向本校学生开展的远程教育课程。它既包括由教育部认可的奥鹏、弘成、知金等三大远程教育公共服务体系，也包括后来像华夏大地、正保远程教育等随着市场变化逐渐发展起来的一些远程教育机构。以奥鹏为例，经过多年探索，构建了服务多家高校、众多学习者的网络支持平台和一批学习中心，以第三方服务的方式，支持众多办学单位开展远程教育，为高校远程教育发展提供了一种创新性、第三方、社会化的服务模式。

（四）远程教育服务质量

远程教育服务质量是指各类远程教育机构或院校提供的教育服务满足学生、家庭、企业、社会等各类受益者明确或隐含需要能力特征和特性的总和。丁新和武丽志认为，远程教育服务质量不仅表现在服务结果，即学习者知识能力的提高、学习满意度上，还表现在教学服务的整个过程中。他们由此提出远程教育质量评价应力求标准多元化、以学习者为焦点、重视过程评价、关注内部质量与"非预期"质量等观点。

（五）质量标准

在国际标准化组织所制定的（ISO 8402—1994）《质量术语》标准中，对质量给出的定义是"质量是反映实体满足明确或隐含需要能力的特征和特征的总和"。教育质量标准是为实现既定教育目标而在一定时期内制定的教育质量规范。然而，对其具体内涵的理解和解释，不同利益相关者常有不同的理解，从而使教育质量成为一个非常复杂的概念。

（六）评价

评价，按照陶西平等人编著的《教育评价词典》，是指对人或事物的价值做出判断。通过系统地收集资料，并依照一定的价值标准，对被评对象的质量、水平、效益及其社会意义进行价值判断的过程。评价的原意是评论事物的价格或还价。评价所反映的是评价对象的若干属性及其对人的需要的意义。它与科学认识不同，但以科学认识为基础和前提。另一个相近概念是认证，它强调的是由官方机构对评价结果给出具有权威证明的过程。

重视与研究远程教育服务质量，具有四个方面的意义和价值：第一，它是新时代社会化远程教育服务机构革新发展、做大做强的需要。远程教育机构面向社会学习者提供服务，就必须关注质量问题、回答质量问题，就要有长远的目标策略和管理标准，要建立起自己的质量保障体系。第二，它是教育机构落实"以人为本"理念，更好地服务学生、服务社会的需要。远程教育机构面向社会提供有质量、有特色的教育服务，在教学过程中落实以人为本的理念，就需要及时了解其各环节、各部门的运行情况和服务效果，并且根据反馈信息及时做出调整。第三，它是远程教育机构与其他社会机构沟通、合作的基础。远程教育服务机构在开展业务工作过程中要接受上级领导部门的管理、社会第三方机构的监督、与相关技术与教育机构合作，对所属服务中心（部门）进行指导，就必须有自己的一套质量标准和评价办法。第四，它还是与国际教育接轨的需要。加入 WTO 以后，特别是随着"一带一路"倡议的启动，远程教育机构需要与国际同类机构交流合作，甚至参与国际竞争。这就要求企业树立其服务观、质量观、产业观、全球观，适应世界贸易组织教育服务贸易的规定，按照业界和社会公认的质量要求去开展业务、提供服务。

二、远程教育服务质量的内容及构成

按照远程教育服务质量观，远程教育质量包括如下四个方面特征：一是服务是远程教育的基本产出，远程教育的服务质量被称为远程教育质量；二是远程教育的主要服务对象是学习者，是远程教育质量评价的主体。学习者的满意度是开展一切活动的主旨。质量管理应把满足学习者明确的或潜在的学习需求作为出发点，也是最终归宿；三是远程教育服务过程和服务效果是质量考察的两个方面；四是远程教育服务质量的感知和评价具有主观性，是需求主体的满意程度，它因人而异且会随时变化，不同于客观测量。

远程教育质量，不仅表现在服务结果，即学习者自身知识、技能、能力和个人发展的提高以及社会对于毕业生的满意程度上，还表现在教育服务的整个过程中。因此，其质量评价可以从结果质量、过程质量和非预期质量等三个方面来进行分析。

（一）结果质量

人才培养的质量是远程教育服务效能的直接体现，远程教育的接受者即学习者的认知、行为或思维发生的变化，综合素质的整体提升都是通过参加远程教育的课程学习予以实现的。成人学历教育和非学历教育是远程教育的服务主体，与普通高校在招生质量上存在很大的差异，生源的学习起点和终点都完全不一样，很难直接比较毕业生水平。国外大多用增值评价概念，即学生在课程学习前和学习后的成就和行为的变化，变化越大，说明教育教学的影响越大，质量就越好；反之，如果没有发生什么变化，就反映教学效果较差。

社会、国家和用人单位的认可度是对远程教育服务质量的最好评价。由于远程教育具有个人受益和社会受益的双重属性，即通过人才服务于社会使个人和社会双重受益，在消费上具有排他性，因此远程教育提供的教育服务被称为准公共服务。

因此，学习者学习成果是否优异，以及个人、企业用人单位和社会对远程教育的满意度，都是通过远程教育的结果质量评价来体现的。对个人评价可以从其考试成绩、合格率和毕业率、考取社会证书的比率、就业率等指标来反映。社会评价可以通过个人满意度调查、用人单位满意度调查等进行反馈。

（二）过程质量

远程教育服务提供通常依赖一个庞大的服务系统，包括若干环节、若干部门的协同工作，才得以完成整个教育过程。系统服务质量是通过学习者在不断参与和享受远程学习过程中感受到的。过程质量由外部过程质量和内部过程质量两大部分组成。远程教育机构在开展远程教学以及管理的过程中，直接为学习者提供支持与服务的质量被称为外部过程质量。它被学习者直接感受到，主要包括学籍管理质量（如注册、成绩、毕业等管理）、课件教材的应用质量、教学中的服务质量、教学中的实验及实践环节质量、课程考试与测评质量等。并且每一项又能够被细分，如答疑可以分为电话、面授、网络等方式，体现在答疑的次数、回馈速度及效果等方面。

内部过程质量主要包括主办机构在教学中的软硬件条件（基础设施、师资、教育经费投入、多媒体教材研发、网络教学服务平台建设等）、内部管理（制度的完善、财务的合规、教职工的管理等）、后勤服务质量和科研质量等。其中，每一项也能够被细分，如将教师队伍的建设质量分为师资配备、学历、职称、后期的培训进修、教研活动等质量。外部过程质量的高低直接受到内部过程质量高低的制约。学习者虽然不直接与内部过程质量发生联系，但内部过程质量是教育服务的基础，二者是密不可分的。

（三）非预期服务质量

远程教育系统的重要特征是开放性，是一个面向全社会开放的系统。这使得远程教育的受益群体常常会扩大到注册学生群体之外。例如，英国开放大学开发的教材，被普通高校广为采用，其血细胞和电视教学节目除了注册学生以外，还有庞大的使用和收视群体。网络教育中的公开课程资源、公益讲座活动、网络学习材料、慕课（MOOC）课程等，都会被更广泛的其他社会群体使用，满足他们不同的社会学习需求。这类"非预期效果"或影响，成为远程教育机构社会服务的一部分，也应该纳入其服务质量的体系中。对这类非预期服务质量进行评价，要比前两种质量评价的难度更大。

三、远程教育质量的评价指标体系

普通高等教育的质量标准和保障框架是早期远程教育的主要参照对象。20世纪90年代发达国家的一些组织机构鉴于传统质量概念不能适应在线学习的发展特征，他们开始陆续开发出专门适用于远程开放教育的质量框架和指标体系。欧洲远程教育大学协会的研究团队在2014年时接受了国际远程开放教育协会（ICDE）的委托，对国际上已有的远程教育质量保障体系进行深入的研究，发现世界范围内的主要质量模型和标准各具特色、相对成熟，再开发新的质量框架已经没有任何意义。上海开放大学的张瑾和程新奎，将国际上有影响力和代表性的20个质量框架作为案例进行了比较研究。他们发现，国际社会远程开放教育的质量评价与保障系统，主要集中在如下的9个质量维度：战略与管理、专业设计、课程开发、教学实施、学习者支持、教师及员工支持、资源、技术与设施、研究合作与服务、质量评价。这9个维度反映了国际社会对于远程开放教育质量内涵的一般性理解和共同认识。陈丽调查亚洲国家远程教育质量标准，发现了类似的12个维度。沈欣忆提出，远程教育应从办学资质、组织管理、师资队伍、内部质保、学术研究、基础设施、课程设计与开发、专业建设、招生宣传、学生制服与管理以及学习评价11个质量维度或要素构建质量保障体系。

下面选取了来自欧洲、美国和亚洲的三个质量标准案例，简要说明一下质量标准体系的构建及其具体内容。

（一）欧洲远程教育大学协会的卓越标准

由欧盟资助、欧洲远程教育大学协会主导研发的在线教育质量标准被称为卓越标准。几经修订，目前使用的是2016年修订版。卓越标准聚焦于在线学习和混合式教学领域的最佳实践。目前，这一标准被欧洲和英国的 50 多所远程教育机构采用，著名的英国开放大学采用的就是这一标准。卓越标准由 6 个质量维度、35 个质量标杆、若干观测指标等三级体系构成。其中，一级质量维度包括：1. 战略管理；2. 专业设计；3. 课程设计；4. 课程传送；5. 员工支持；6. 学生支持。二级质量标杆包括：机构制定在线教育战略；在线教育政策符合法律和伦理要求；每一门课程从知识和技能方面清晰表述学习结果；在线教育系统的技术设施支持，实现学术、社会和管理等方面的功能；在线教育要素和活动的发展与传送得到了承担学术、媒体开发和管理活动的员工的充分支持；学生能够获得所学课程的详细信息等 35 个指标标杆示例。三级观测指标包括：政策由机构制定，教育实践的最新发展也由政策来回应；专业设计考虑目标群体的需求；在信息通信技术设备和网络的选择、获取和应用等若干指标。

（二）美国在线学习联盟质量评分卡

质量评分卡是 2011 年由美国在线学习联盟开发的质量标准体系。由大学教师、管理者、培训师、教学设计人员、教育机构及专业团体等组成的在线学习联盟是高等教育机构之间的合作组织。它的主要工作任务是如何提升在线教育的教学质量和学习体验。远程开放教育机构把质量评分卡作为工具用以制定质量标准，最终达到实现高水平在线学习质量。质量评分卡目前被四百多家美国机构使用，使在线教育的有效性和评价的真实性得以保障。

质量维度、质量标杆、质量手册等是构成质量评分卡的主要内容，主要从院校支持、技术支持、课程开发与教学设计、课程结构、教与学、教师支持、学生支持、评价与审核 8 个维度来评价。每个维度之下又有若干质量标杆，8 个维度共有 70 个质量标杆。质量手册对每一个质量标杆做出解释和提供评价依据。

（三）亚洲开放大学协会质量保障框架

亚洲开放大学协会于 2010 年设计完成质量保障框架，提供给 70 多个会员机构使用，旨在提升会员国家远程开放教育的质量。质量维度、次级质量维度和质量标杆三级结构与 10 个质量维度共同组建了质量保障框架。每个质量维度之下又设有若干次级维度，次级维度下又有多个质量标杆，全框架共有 102 个质量标杆。

四、质量评价的机构与程序

一般来说，远程教育质量评价的主体包括远程教育机构的主管部门、远程教育服务提供者、作为消费者的学生、社会公众等四类。前两类是目前远程教育质量评价的主体,他们会定期不定期地对远程教育质量进行评价和检查,并为远程教育质量制定各类标准和评价指标、评价方法。随着教育服务理念的普及,远程教育逐渐成为学生认知的一种服务理念,并将自己置于消费者地位。远程教育机构的一切活动开展应以学习者满意为关注点,特别是满足学习者的多样化学习需求。

陈丽对亚洲 10 个国家的远程教育质量问题进行调查研究,得出以下结论:由政府(教育部)直接组织国家质量监管工作的只有中国和新加坡。由政府委托一个质量认证机构负责远程教育的质量认证工作的有印度、韩国、马来西亚和斯里兰卡等国家。在韩国和马来西亚等国家,质量认证机构由政府成立,直接接受政府的资助和管理。而菲律宾和日本等国家是由有政府背景的认证机构和没有政府背景的认证机构同时参与认证工作。

政府主管部门对于远程教育机构开展质量评价与认证,综合国际和国内实践经验和做法,一般采用自我评估和外部评估相结合的办法,一般程序中包括以下四个步骤:

步骤 1:发布质量保证标准。在此阶段,相关行业的专家被政府或质量认证机构聘请,组建专家组,对远程教育质量制定标准(包括所有机构和课程),并将该标准向社会公开发布。

步骤 2:自我评估。被机构认证或学术审计的机构和专业都要先根据公开发布的质量标准进行自查和自评估。自评估是由办学机构自己组织完成,最终向质量管理部门提交自评报告。

步骤 3:外部评估。由质量管理机构聘请一些行业内专家组建评审组,评审组根据质量标准和实地考察情况,来审议自评报告内容的准确性和实际办学水平。

步骤 4:认证机构给出结论。是否通过认证和学术审计将由质量管理机构根据自我评估和外部评估结果,给出最终结论。

2019 年《中国教育现代化 2035》提出,把制定教育质量标准体系作为工作的重点,做到全学段覆盖、引领世界先进水平、满足不同层次类型的教育需求。在过去的二十多年中,我国现代远程教育得到了飞速发展,在培养社会急需人才、推动高等教育大众化和构建终身教育体系中发挥了不可替代的作用。各类远程教育服务机构的办学条件和水平、服务质量得到了长足的发展。但总体来看,质量问题仍然不容乐观,主要表现为对远程教育质量观的认识还有待进一步提高,不完善的国家宏观质量监控制度,不够健全的机构内部质量保证体系,不一致的质量标准,通过网络教育取得学历证书社会认可度不高。远程教育的质量保障、服务质量的不断提升,远程教育培养出的人才质量是否最终得到劳动力市场的认可，在相当长一段时间内仍然是我国远程教育服务机构面临的严峻挑战。基于本节前面的讨论，对于社会化远程教育服务机构来说，如何加强质量建设以及不断提升服务质量，笔者提出如下四点策略建议：

第一，重视质量问题、培养质量意识、涵养质量文化。机构在整体事业规划和制定发展策略时，应把服务质量问题定位为事业发展的核心问题。从每一项业务、每一条制度、每一个产品上都树立质量意识，以为学员提供满意的学习支持与服务为宗旨，建立起全面可行的质量保障制度，形成以高质量服务为宗旨的企业文化。

第二，以人为本，围绕学习者的学习需求开发服务产品，建立全覆盖的服务满意度调查机制。远程教育机构要密切关注社会和市场人才需求，关注潜在学习者群体，关注注册学习者在求学过程中的多样化学习需要，有针对性地开发出有质量、有特色的产品和服务。并且对每个项目、每门课程、每次活动之后都设有满意度调查环节和机制，注意收集学员反馈意见和信息，并依据反馈改进服务质量。

第三，优化服务流程，对各环节服务质量和效果进行监控评价。事业发展到一定程度之后，环节众多、部门协调困难、效率降低的问题就会出现。远程教育机构要不断改进和优化服务流程，对于各个环节的服务质量进行有效监控，发现问题及时改进。有必要在企业内部建立一个相对独立的质量监督和监控部门，来专门负责整体的质量建设和质量管理工作。

第四，应对疫情突发需求，为各类学校开发个性化教学服务平台，提供专业化技术支持服务。2020年年初的疫情暴发加速了各级各类学校的信息化进程，网络平台与在线课程成为迫在眉睫的现实需求。可以看到，凡是规划早、信息化做得好的学校和教育机构，大多能够从容应对；而不少学校还缺乏这个意识，教师只能使用社会公开的课程视频平台，效果参差不齐。从长远来看，我国各级各类学校都应该建立起基于互联网的教学服务平台，作为学校教育的支持与有益补充、课外学习活动的拓展延伸以及各类突发情况的响应（如教师会议外出或临时有事）。美国高校早在20年前就与校外技术公司合作，建立了信息化的基础设施，将大量课程放到平台上，并且请协议公司帮助教师开发网络课程，为学校和教师提供专业化的指导和技术服务。我国很多学校在落实国家提倡的"互联网＋教育"战略方面，刚处于起步阶段。要适应新形势新要求，尽快启动此方面专题调研，了解社会需求并开展此方向的业务探索。

第二节　远程教育服务中的入学教育

远程教育是教育的一种特殊形态，由于远程教育的学生在年龄、知识水平、专业背景、工作背景、学习风格、地理位置、社会地位和角色、学习环境等诸多方面存在差异；又由于远程教育的学习形式为非传统的面授学习，因此，入学教育成为远程教育学生学习支持服务中的一个重要环节，是决定学生能否顺利学习、按期毕业的必要条件。

远程教育是区别为传统面授教育的一种特殊教学活动，是为方便在职人员利用业余时间通过网络系统资源自主学习从而获得学历或相关知识的一种学习形式。远程教育面向全社会，不受学校、地区、职业的限制，只要有网络，即可实现随时随地自主学习。由于学习者在年龄、知识水平、专业背景、工作背景、学习风格、地理位置、社会地位和角色、学习环境等诸多方面存在差异，而远程教育的特殊性又要求学生具备自主学习的能力，学生学习是独立进行的，脱离了老师和同学，没有传统的课堂学习氛围，使得一些刚刚接触远程教育学习的学生感到困难和不习惯。

一、入学教育的目的和必要性

"入学教育"的对象是报名参加远程教育学习的新生，目的是让学生通过入学教育的学习，了解远程教育的学习模式，熟悉办学机构在远程教育过程中的教学和管理办法，掌握远程学习的技能，明确所学专业的教学计划及要求，实现有效自主的学习。

"入学教育"在远程教育服务中的必要性表现为：①使学生通过入学教育更详细了解学习过程中的具体学习流程及注意事项，从而充分保证学生的学习利益。②在学习前告知学生学习过程中应该具备的基本条件，使学生了解只有自己满足并具备相关的学习条件后，才能完成学习任务。③使学生可以详细了解学习过程及过程中的服务内容，尽快地适应学习环境，制定自己的学习计划，顺利完成学习任务。如不参加入学教育，就不会了解学习过程及过程中的服务内容，在学习过程中就容易出现问题或不必要的失误，致使学习过程受到影响，远程教育的服务效应也因此大打折扣。

二、远程教育学生特点分析

学习时间有限。由于远程教育学生多数为在职人员,普遍存在工学矛盾问题,学生可利用的学习时间较少,而且没有大块连续的时间进行学习。以自学为主,平时学习不能参与课程答疑等与授课教师进行沟通的教学活动。

对远程教育的了解和认识不够。据一项新生调查报告得出:4%的学生表示根本不知道"远程教育",23%的学生表示仅知道一点"远程教育",27%的学生表示知道"远程教育"但并不了解远程教育的学习方式。由此可见,远程教育对相当一部分学生来说是陌生的,学生对远程教育的了解还远远不够,其中还有一部分学生对远程教育怀有疑虑,不知道如何开始远程教育的学习。

计算机操作能力、网络学习平台操作能力,因年龄和工作背景的不同差异较大。远程教育学生,需具备必要的计算机操作技能,熟悉远程学习方法,掌握新的学习平台及软件操作方法。但通过调查结果发现,有一少部分的学生平时不接触计算机,不会使用电脑进行简单的操作,有的学生甚至不会上网浏览网页。

学生分布在不同地区,上网条件大相径庭。由于远程教育不受地域限制,学生来自不同城市和地区,多数学生可以有网络学习的环境,但一少部分学生由于工作或地区原因没有网络学习的环境。

不适应网络学习环境。任何一种新生事物,都有一个被人们怀疑、接受和认同的过程。由于人们还习惯于传统的面授学习形式,因此,远程教育的学习形式,使一部分学生感到不适应、不习惯。

三、远程教育服务中入学教育的内容

学校介绍。介绍高校简况,主要介绍学校的学科专业、师资力量、教学科研成绩、人才培养、办学特色,以及远程教育学习简介。

思想教育。通过入学教育帮助学生明确学习目的,端正学习态度,激发学习热情。对学生进行校风、学风、考风教育,使学生一入学就要端正学习态度,明确学习目的,转变学习观念,培养良好的自主学习习惯。可采用老生代表发言的形式向新生介绍学习心得、交流自己的学习方法与建议,以教师代表发言的形式鼓励和帮助大家建立学习的信心,为日后的顺利学习打下良好的基础。

学习支持服务介绍:

制定高校的远程教育学习支持服务指南,并在入学教育时发放给学生。指南中包括高校学期院历、学费标准、学籍管理、免修免考政策、课程考核方式介绍,申请学位的条件和学位申请管理办法等。

制作高校远程教育学习流程,从新生注册—交费—自主选课—课程考试预约—考前辅导—考场安排查询—考试成绩查询—统考报考—毕业申请与办理—学位申请与办理,共 10 个学习环节,向学生详细介绍各环节网上操作的具体流程,并在重点环节为学生讲解注意事项。

班主任以高校为单位建立班级 QQ 群,介绍群功能。建立班委组织,选出能有条件为大家服务的学生担任班级干部,制作班级通信录,一来可以发挥班委成员的带头与组织能力,二来可以让同学之间进行交流,便于学生解决学习过程中遇到的各种困难。

指导学生制定自主学习计划。指导学生根据自己的专业学习情况和自身情况制定自主学习计划。

信息技术教育。介绍远程教育网上学习资源的浏览、图书资料的检索等方法,鼓励学生参加专业论坛和课程讨论区的网上讨论,利用执机答疑等学习平台的交互功能与授课教师、全国各地的同学进行交流,学会对基于网络平台的教学资源的选择与综合利用。

四、远程教育服务中入学教育的具体实施

时间要求。入学教育要在新生入学后的一个月内组织完成。并保证新生在参加入学教育前已完成交费、新生注册工作。

人员要求。入学教育要由专业的教学管理人员负责对入学教育的内容作具体讲解与指导。对学生在入学教育过程中遇到的问题进行正确的解答。

资料要求。入学教育过程中,要向学生发放高校学生手册、远程教育学习支持服务指南、学习各环节具体操作流程及注意事项、班级通信录等材料。

地点要求。入学教育需在计算机机房进行,保证学生能实时进行上机操作。使学生尽快熟悉网络学习的环境,对学习过程有初步的了解,遇到问题能及时解决。

我国现代远程教育试点学校从 1999 年的 5 所发展到 2012 年的 68 所。在实现跨越式的发展之后,近年来已开始转型,由外延式发展向内涵式发展转型,重点加强对教学过程的管理以及学生入学后的学习支持服务。入学教育作为远程教育学习支持服务工作的源头,是帮助学生顺利适应网络学习环境和决定学生能否顺利学习的必要环节,是远程教育服务中的重中之重。入学教育实施的成功与否,决定了学生入学后的服务工作能否顺利开展。因此,远程教育办学机构应对入学教育给予高度重视,只有为学生提供及时的、完善的入学教育,远程教育服务才能被称为完整的教育

服务。设计良好的入学教育,是现代远程教育顺利发展的重要保证。

第三节 远程教育服务质量提升

现代远程教育在互联网时代得到快速发展,社区远程教育、农民工远程教育、学历远程教育在各自领域发挥着重要作用。但现代远程教育也存在着个性化服务方式尚未建立、服务管理力度不够、缺乏统一严格的服务质量标准和对教学评估工作重视程度不够等问题。本节运用服务质量差距模型分析了造成质量感知差距、质量标准差距、服务传递差距和市场沟通差距的原因,并提出应从基于不同受众提供差异化服务、规范招聘培训提升服务人员素质、打造知识管理平台、做好服务质量监控与评估工作等方面,推进现代远程教育服务质量提升的措施。

一、全民素质提升视阈下现代远程教育受众分析

(一)社区远程教育

社区远程教育是目前发展比较迅速的类型,其主要受众有:一是成年的残疾人。通过远程教育,为残疾人融入社会、跟上社会提供可能。在社区远程教育条件下,可以为残疾人开设远程高等教育课程,可以有效解决残疾人因距离而无法面授的问题。二是空巢老人。现代社会的快节奏产生了不少的空巢老人,在社区教育中开展针对空巢老人的教育,为老人学习知识、发挥余热提供途径,也能更好地关爱空巢老人。

(二)农民工远程教育

在快速城镇化的今天,越来越多的失地农民进入城市。而经济发展方式的转型和产业结构的升级,对劳动者素质提出了更高的要求。农民工进入城市后要想实现顺利就业,有必要进行相关的技能培训。而网络远程培训的组织方式、学习内容、学习时间都可以灵活安排,在农民工技能培训上具有突出的优势。

(三)学历远程教育

这种教育与自学考试、成人高考基本类似,都是属于普通高等教育之外的国民系列教育。国家承认学历,主要授课方式以网络教学为主,每年或是每个学期集中面授一定时长。相对于成人高考、自学考试,远程教育具有比较明显的优势。一是毕业相对更容易些,只要修完学分,完成论文即可。二是费用更低,由于面授的时间很少,

可以大大节省物力、财力。三是学习方式灵活,日常只要在网络平台上学习即可,时间安排比较自主。

二、现代远程教育服务质量管理方面存在的问题

(一)个性化服务方式尚未建立

现代远程教育与传统教育不同,其核心管理思想是"以学习者为中心",教师教授知识、课堂设计都要考虑到学习者的需求。无论是远程教育机构还是教师,要主动了解学习者的特征,关注他们的需求变化,为他们提供个性化服务。但从实际情况来看,除了每个学生报名之初提供的一份个人资料外,在日常学习管理中,远程教育机构和教师很少会主动去了解学习者的信息,即使收集到一些信息,也主要是在学习者提出问题咨询时留下的。同时,由于学习者的身份各不相同,信息的动态性比较明显,教师采取一致的教育方式与教育内容,忽略了不同个体的个性化需求,严重影响学习者的学习效果与学习进程,严重时会降低学习者对远程教育的公正评价和社会大众对远程教育的信任度。

(二)服务管理力度不够

在远程教育中,为学习者提供辅导服务和咨询服务的人员是学习者的直接管理人员。他们的能力水平和服务态度如何,是教学质量的重要决定因素。但从目前我们的远程教育实践来看,由于社会对远程教育的认同度还不高,远程教育机构人才招聘的质量参差不齐,不少从事远程教育的人员多是半路出家的非专业人员,他们在对学习者学习过程中的课程学习、重难点解答、学习辅导时,比较容易出现胜任不了的问题。在一些远程教育机构中,对辅导人员和咨询服务人员的管理十分宽松,没有形成有约束力的绩效考核体系。在一些有关远程教育的问卷调查中,很多学习者认为"自己的学习情况得不到及时评价""缺少在线答复""学习交流活动偏少";一些学习者对自己的信心不足,感觉难以掌握所学知识。这些问题的出现,是由于远程教育机构对辅导服务和咨询服务人员的管理不到位。

(三)缺乏统一严格的服务质量标准

远程教育是否达到了预期效果,关键在于有一个统一的,并得到严格执行的教育质量标准。在此基础上,再根据学习者的个性化学习需求进行调整完善,以最大限度地接近标准,提高学习效率。但现实情况是,不同的远程教育机构有着不一样的服务承诺,同一家远程教育机构在不同时期又会有不同的质量标准文件。以服务承诺为

例,其主要约定的是学习者需要遵守的内容,且服务承诺更接近广告,承诺偏差或是过度承诺的现象比较突出;对承诺者缺乏必要的约束,导致学习者的利益得不到保障。而质量标准文件设计不完善,也导致远程教育机构对各个课堂的监督控制力度减弱。一般而言,教学检查、巡考,以及网络监控是最常用的监督控制方式,但课堂多、学生多的情况下,管理者往往无法真正评价各个课堂的教学质量,只能看表现,无法及时发现教学过程中存在的问题,学习者的学习质量与获得的服务水平得不到保障,容易降低学习者的满意度。

(四)对教学评估工作重视程度不够

教学评估是教育评价的重要内容,它可以反映教学者的水平、教学活动的成效,特别是可以及时发现存在的问题,在第一时间解决学习者遇到的学习困难,保障教学质量。但从现实情况来看,各个学校的远程教育机构往往将经济效益放在第一位,教学活动的组织还是坚持以教学为核心,而没有坚持以学习者为核心,缺少科学的教学质量评估体系。比如,对于学习者的特点了解,往往更愿意从客观方面进行教学质量调查,很少直接针对学习者了解其学习特点、学习动机、学习困难和学习满意度,很难从学习者角度了解真实的教学情况。针对教师教学质量的评估,也停留在是否上课了、是否讲完了教学内容等;对于学生是否听懂了、是否还存在问题,都没有相应的评价。如此一来,导致教学质量往往很难控制,学习者的满意度不高也就在所难免。

三、运用服务质量差距模型剖析远程教育服务管理中存在的问题及原因

(一)服务质量差距模型

服务质量差距模型是由美国人帕拉休拉曼(A.Parasuraman)、赞瑟姆(Valarie A Zeithamal)和贝利(Leonard L.Berry)等人于1985年创立的,其主要用来分析服务质量问题及其产生的原因,从而帮助人们改进服务质量。其可以分为上下两个部分,前者与顾客有关,后者则与服务提供者有关,并将服务差距分为五种:差距1为质量感知差距,是管理者对顾客服务和顾客本身的服务期望之间的差距。用来衡量管理者对顾客服务期望了解的程度和准确度。差距2为质量标准差距,是管理者对顾客服务期望的感知和服务质量规范之间的差距。用来衡量服务质量标准与顾客期望的差异程度。差距3为服务传递差距,是管理者的服务质量标准与实际提供的服务之间的差距。其用来衡量顾客实际接受的服务质量水平。差距4为市场沟通差距,是管理者实际提供的服务和管理者、顾客间外部沟通之间的差距。用来衡量服务宣传

与实际服务间的差距。差距 5 为感知服务质量差距，是顾客对服务的期望值与实际感知间的差距，可以用来衡量其满意度。

（二）基于服务质量差距模型的原因剖析

笔者结合服务质量差距分析模型，对远程教育服务质量情况开展了相关调查，发现其在五个差距上都有体现，归结其原因如下：

1. 造成质量感知差距的主要原因

调查发现，远程学习的质量评估没有考虑到学习者的切身感受，导致学习者的需求无法准确传达给管理层。这种情况造成远程教育机构收集到的学习者期望往往只是管理层的主观臆断，而不是真实表达。造成这种问题的原因是远程教育机构忽略了远程学习者在整个远程教育服务中的核心地位，没有从学习者角度出发进行需求分析，自然容易出现偏差。另外，远程教育的管理者通常对学习者需求调查不重视，使用的方法科学性不够，即不和学习者进行面对面交谈，收集的信息失真情况比较突出，导致学习者需求信息准确度比较差，反映不了真实的需求情况。在此基础上做出的教学管理决策出现问题也就在所难免了。

2. 造成质量标准差距的原因

目前，很多的远程教育机构对服务质量标准的设定十分模糊，管理者往往重招生而不重教学质量，其制定出来的教育质量标准与学习者的期望存在差距。比如，各个高校的远程教育都是从其普通本科、专科教育中衍生出来的，管理者对远程教育学习接受者的特点没有调查清楚，直接套用本科教育形式、教学内容，没有及时地转变管理思想，从而导致在教学设计中缺乏针对性，很难制定出符合学习期望且有效的服务质量标准。除了这些主观认识上的问题外，远程教育在教育中所处的地位比较尴尬，各个远程教育机构能够得到的教师资源、资金投入都比较少，也会造成质量标准差距问题。比如，远程教学所需的硬件以及课件资源，往往几年都得不到更新。在现代知识与手段日新月异的今天，这样的做法很容易降低学习接受者的感受，造成其质量标准差距感受。

3. 造成服务传递差距的原因

远程教育服务与服务标准之间存在差距，一般而言，远程教育机构对教师采取的是比较自由、比较宽松的管理方式，很少会严格按照教学规范进行，过程管理不到位。究其原因有三：一是管理工作本身没有得到重视。很多学校将远程教育置于普通本科、专科教学之外的第三等，主要作为学校创收的一种工具，没有从思想上重视远程教育的管理工作。二是管理力量不足。在远程教育人力调配上，很多学校使用的都是兼职力量,比如班主任、教师和行政管理人员,其本身也有着一份工作,很难全身心投入远程教育管理中来。一些招聘来的员工不了解远程教育的特征,缺乏先进的远程教育管理理念,在向学习者开展一对一个性化服务上能力不足。三是传统的管理理念更重视对设备等固定资产的管理,在远程教育非常重要的辅导教学、在线咨询服务等方面管理力量不足,也容易引起学习者的不满意。

4.造成市场沟通差距的原因

远程教育学习者从宣传中得到的服务内容和远程教育机构实际提供的服务之间会出现差距。可能是在咨询的过程中,学习者接收到的消息是远程教育机构经过了夸大和歪曲后的宣传信息。比如,在高等教育越来越普遍的今天,远程教育机构招生压力不断增加。为了招到足够的生源,一些远程教育机构在接待咨询的学生时不免会做出很多夸大的服务承诺,从而人为提高学生对远程教育的预期。但这毕竟只是承诺,远程教育机构本身并没有这样的条件或是达到承诺的服务,学习者得不到所期望的服务,产生差距也就在所难免。还比如,远程教育机构无法完全靠自己的力量进行外部宣传,在将宣传工作外包给其他机构时,可能会出现信息失真。这种失真可能来自消息传播的不顺,也可能是计划和操作间的不一致,或是两个部门的衔接不到位等。再比如,学习者各自不同的素质,也会让其对远程教育服务承诺内容产生不一样的理解。一些学习者在没有了解清楚的情况下进入远程教育机构学习,可能会感觉到所接受到的学习服务与理解的服务承诺存在差距。

以上四个差距,会导致出现差距5,也就是所谓的感知服务质量差距。学习者实际体验到的远程教育服务质量与自己所预期的不一样,这也是整个差距模型的核心。差距5是否会出现,是否突出,取决于其他四个方面。这事实上也是学习者的满意度,如果远程教育机构给学习者的感知超过了学习者的预期,学习者就会感到满意,反之则会感觉到失望。

四、提升远程教育服务质量的对策建议

(一)基于不同受众,提供差异化服务

远程教育应秉持以学习者为主的理念,围绕提升学习者的感受和学习效率,对教学过程、教学方法等进行科学设计。要基于不同受众,提供差异化服务。不同群体、不同受众,对知识的需求是不一样的,能够接受的教学方法、手段也是各不相同的。比如,开展农民工远程教育培训工作,关键就是要抓住其最关心的"出路"问题,即经过远程教育培训后,能够在城市里找到工作、胜任工作。其培训内容必须提高实用

性。还比如，开展远程学历教育，学习者最关心的就是能否顺利毕业。远程教育就应该重点在学生论文写作过程中提供相应的服务，可以是论文资料查阅，也可以是教师的在线一对一辅导。远程教育要充分分析受众群体的不同特点，提供不同的学习内容，采取不同的学习方法与要求，力争使远程教育真正发挥作用。

（二）规范招聘培训环节，提升服务人员素质

远程教育从业人员的素质是整个远程教育体系能否得到社会认同、学习者认可的重要因素。针对当前对远程教育不重视，从业人员多从其他部门临时抽调、兼职人员过多的情况，应逐步招聘一些专业人员加入远程教育服务管理中来。一方面，要把好人口关。远程教育有其特殊性，比如，与学生的交流更多的是在网络上，需要教师及时地回应学习者来自网络上的请求。因此，在远程教育人员招聘、选择上，除了对人员的专业知识的要求，还应该重点考察其心理素质。比如，是否具有开放、积极的态度，是否了解远程教育中学习者的困难，只有这样，才能让学习者能够接受到良好的服务以及有针对性的服务。特别是要突出强调服务意识，即使是作为远程教育教师，也是一样。强调服务意识，可以让远程教育机构在激烈的市场竞争中占据主动。另一方面，要加强对从业人员的培训管理。要定位于提升服务质量，将有关服务质量意识、沟通交流技巧、学习者困难解决方案等纳入远程教育服务者培训内容中来。

（三）打造知识管理平台，服务融入平台管理

现代互联网络的快速发展，给现代远程教育带来了机遇，不仅让教学手段更加丰富，教学资源也日益丰富。但应该看到，过于繁杂的信息如果不经过梳理，很容易给急需学习知识的学习者带来分辨知识的难度，甚至引导学生走入知识歧途，极不利于学生开展自主学习。因此，远程教育管理者有必要加强前期管理，将网络中杂乱无章的学习资源梳理成有序的、可供学习者使用的资源。同时，引导和帮助学习者搭建起可以进行知识管理的平台。鼓励大家在同一个知识管理平台上实现知识的共享，提高学习者的自主学习可能和效率。在搭建知识管理平台时，管理者应向学习者提供知识管理的方法和理念，并结合日常的学习平台搭建知识管理系统。平台系统尽可能吸纳学习者参与，以激发他们的学习兴趣，并根据学习者的要求，进行知识管理平台系统的管理与更新。

五、做好服务质量监控与评估工作

学习者对远程教育的感受，很多都来自教学和在线辅导等环节，而这些环节恰恰是很多远程教育管理中比较容易忽视的问题。因此，有必要做好服务质量监控和评

估工作,不断收集来自学习者的意见反馈,以此作为提升管理服务水平的依据。一方面,重视过程管理。应对远程教育的课堂授课、在线辅导等重要过程进行全程监督控制,对从事远程教学的教师行为规范做出具体要求,以减少教师的偷工减料和学生的不满。要通过加强过程管理,提高大家对远程教育的重视,共同为远程教育水平提升服务。另一方面,要发挥学习者的主观能动性。比如,在过程管理中引入学习者管理,减少一些浪费、冗余的活动,以提高教学效率。还比如,管理者定期或不定期地收集学习者的意见建议,结合日常过程管理情况,对教师进行科学、全面的评价,对一些意见建议予以采纳,以保证远程教育课堂对学习者有较强的吸引力。

第四节　远程教育服务理念的文化意蕴

服务文化是校园文化的重要组成部分,是决定远程教育质量的重要因素。在远程开放教育发展的新时期,加强服务文化的理论研究和实践交流,具有十分重要的意义。随着社会的进步和教育理念的更新,服务文化的功能和价值已日益彰显,主要表现为增誉功能、导向功能、重塑功能、凝聚功能、优化功能。构建良好的现代远程教育服务文化,应该在以下三个方面着重加强:更新服务理念,创新管理模式;扩大宣传,树立全社会终身学习理念;提高服务质量,建立灵活、便捷、高效的服务通道。

现代远程教育的校园文化建设是一个内涵深刻、外延丰富的大课题,它包括多个方面。而服务文化是校园文化的重要组成部分,是决定远程教育质量的重要因素。关于服务,目前学界大多从技术层面探讨,围绕问题也主要是技术、设备的改进,而很少关注文化层面的提炼和升华。本节试图从文化建设的高度认识远程教育学习支持服务,以期提炼服务的文化精髓,打造丰富的校园文化,推进远程教育的内涵发展。

一、远程教育服务文化概说

(一)远程教育文化

关于这个概念,目前学界论述较少,比较权威系统的说法是孙绿怡在《略论现代远程教育文化的内涵》中的阐述。她从三个方面概括了远程教育文化研究的独特性:第一,它不是就远程教育来研究远程教育,也不仅仅限于教育教学的领域来研究远程教育,而是着眼于与远程教育相关的社会、政治、经济、民族传统等系统整体的文化视角来研究远程教育;第二,它不是从单纯的理论角度来研究远程教育,而是着眼于生活方式的角度对远程教育中的人和事进行深层的文化探讨;第三,它不仅强调远程教育的标准化和全球化,而且强调远程教育的个性化和本土化。

(二)支持服务

支持服务泛指所有与学习者学习有关的服务措施。目前具有代表性的说法有:大卫·西沃特"使所有个别学生能够通过某种方式运用院校提供的一切服务";艾伦·泰特(Alan Tai)"为作为个体或小组成员的学习者提供学习服务,旨在促进他们进行学习互动,在他们的整个学习过程中给予支持";丁兴富"远程教育院校及其代表教师等,为远程学生提供的以师生或学生之间的人际面授和基于技术媒体的双向通信交流为主的各种信息的、资源的、人员的和设施的支持服务的总和。其目的在于指导、帮助和促进学生的自主学习,提高远程学习的质量和效果";李力"支持服务的实质是提供远程教育机构与学习者之间进行交互的接口;支持服务是一种支撑服务,举足轻重;具有服务产业属性;宗旨在于创造一种优良的学习环境,使置身于这一环境的学习者可以方便快捷地调用各种资源,接受关于学习的全方位服务,使学习获得成功"。

(三)远程教育服务文化的定义

综合以上论述,我们课题组的初步研究把远程教育服务文化表述为:远程教育服务文化是指以服务价值观为核心,以促使教职员工忠诚、提升学校核心竞争力为目标,以形成共同的服务价值认知和行为规范为内容的文化。它包含远程教育服务从物质形态、组织行为、组织制度到精神意识等一切文化现象。

二、建设远程教育服务文化的重要性

在远程开放教育发展的新时期,加强服务文化的理论研究和实践交流,具有十分重要的意义。作为校园文化建设的重要组成部分,服务文化建设也应当提上日程。当前,教育作为一个产业将成为中国互联网的新热点。在对中国网民的调查中,更多的网民认为现代远程教育是未来最有希望的网上事业。业界知名人士王东临曾在网络教育研讨会上提出:"从服务的角度去综合完善教育网站才是网络教育未来的出路。"这提醒我们,一定要加强服务文化建设,从而提高教育竞争力。

(一)建设远程教育服务文化,是由远程教育的办学性质和管理模式决定的

远程教学、分级管理、以学生自主学习为主,这是远程教育的独特性质和办学模式。教师与学生、学生与学生在时间、空间和社会文化心理上的分离是远程教育最突

出的特征。在教与学过程中,师生处于物理空间相对分离、同时通过信息传递又相互联系的状态。这种模式具有巨大的优势,可以不受时间、空间等诸多因素的影响,但是由于地理隔离、工作局限、家务劳动、资源不足、学习技巧等诸多现实问题的困扰,远程学习者经常难以集中精力,学习劲头明显不足,甚至常常有不安情绪,很可能感到孤独,甚至感到自己是校园之外的陌生人。因此,在这样的教学系统中学习,如若没有教学管理人员对学生的学习支持管理服务,要让学生搞好学习,那简直就是天方夜谭。这说明建设远程教育服务文化是一项非常紧迫的工程。

教育系统的开放性是远程教育模式的基本特征之一,它包括教育理念、教育对象、教育内容、教学方法、教育环境的开放。这种开放需要服务文化提供重要保证,并且也只有先进的服务文化才能鲜明体现远程开放教育的价值观和教育理念,并贯穿于远程开放教育的全过程。远程开放教育采用的是以学生个别化学习为主、教师辅导为辅的教学模式。这一新型教学模式的形成,在很大程度上依赖于学习支持服务。实践证明,课程开发和学习支持服务是保证远程教学质量和成功的基础和关键,也是远程教育中教学系统开发和教学设计的重点。

（二）建设远程教育服务文化,是由远程教育所面对的学生属性决定的

在电大、网络学校等院校就读的学生是一个特殊的学生群体。他们不同于全日制普通高校的学生,全天候待在校园里,接受管理者的管理和学校纪律的约束。他们往往具有多重身份,不仅是学生,还在社会上兼具某个职位,甚至社会角色大过学生角色。他们对于教育的需求包括学习知识的需求、校园文化的需求、再就业的需求,而且与全日制普通高校的学生肯定是大不相同的。这就要求我们应当在实践中深化对远程开放教育服务文化的认识,加快建设具有远程开放教育特色的服务文化。

远程教育具有大众普及性特点,其开放性为不同基础、不同经历的受教育者提供了学习的机会;同时它的灵活性也为不同背景、不同职业的受教育者接受继续教育提供了可能。现代远程教育的办学理念和宗旨就是构建终身学习型社会,满足各类社会成员的学习需求,为其提供服务;以学习者为中心,解决他们自主性学习、个别化学习、分散化学习等问题。这些特点都为服务文化提供了无限的发展空间。做好服务文化,是现代远程教育办学理念的最佳体现,是远程教育走内涵发展道路的有力保障。

（三）建设远程教育服务文化,是由远程教育机构自身的特点决定的

以远程教育为主要教学模式的院校,往往都是系统办学、机构庞大、人员众多,这种情况对于管理和服务有很大挑战,往往会影响管理和教学的发展。队伍素质的高

低关系到教育事业的成败。因此，要通过建设远程教育服务文化来提高教育工作者的自身素质，提高效率，转变观念，使管理和服务相辅相成，相互促进。这对于远程教育走内涵发展道路具有重要作用。

三、远程教育服务文化的基本功能

就目前学界对远程教育的研究现状看，服务文化的理论还不完善，但是随着社会的进步和教育理念的更新，服务文化的功能和价值已日益彰显。

（一）增誉功能，展示良好的精神风貌，塑造良好的社会形象，增加与普通高校竞争的砝码

服务文化带有明显的增值性，先进的服务文化能够提升一所学校的文化品位，发挥学校文化建设主阵地的作用。先进的服务文化必然促进学校改善教育理念，提供优质服务，提高学校的知名度和美誉度，从而达到吸引学生、扩大招生的目的。

（二）导向功能，无功利、以促进学生全面发展为最终目的，以人为本、提供人性化服务

服务文化的核心就是以人为中心，远程教育的管理需提供各种人性化、宽容性、个性化服务，满足学习者的需要。入学资格审查、学生注册、学习地点的安排，尽可能服务于学生；学习内容、学习方式、学习材料等的教学，尽可能由学生选择。远程教育的开放思想，使管理理念越来越趋向服务化、人性化。服务文化最终体现了远程教育公平、平等的办学理念和教育以人为本的育人理念，努力为一切求学者提供尽可能方便、灵活的学习支持服务，为构建终身教育体系和学习型社会发挥重要作用。

（三）重塑功能，建立更加民主开放的师生关系

远程开放教育服务文化体现的是一种崭新的人际沟通模式、一种积极参与的生活方式、一种平等参与的观念、一种独特的文化现象，民主意识、开放意识、创新意识、未来意识都大大增强。它不同于普通高等教育的服务和管理理念。构建远程教育体系下的服务文化，是对当代校园文化这一概念的扩充和完善。

（四）凝聚功能，有效弥补学生的情感缺失问题

增强认同感进而升华为责任感、归属感，激发学生的学习积极性。在远程教育环境中，由于种种原因，可能会造成学生情感缺失。例如，自主性的远程学习可能在一部分学生那里会演变成孤独感，过多依赖于现代网络技术而产生的数字人可能导致精神疾病增加和心理健康恶化。服务能够更好地弥补这种缺失，能使学生在心理和

情感上产生一种集体归属感,形成强大的凝聚力量和群体意识。

（五）优化功能，实现有效管理，形成制约机制，为下一步远程教育走内涵发展指明方向

服务文化是一种新型的管理方式,搞好远程开放教育服务文化建设,对于加强现代远程开放教育管理具有积极作用。管理是手段,服务是宗旨,目的是实现远程教育的人才培养。和谐的现代远程教育服务文化是最有效的管理手段,要真正解决服务问题,还要注重服务文化的建设。如果建设了一种大家认可的价值观,有大家认同的职业精神和职业道德准则,并成为一种信仰和文化自觉,大家就会心甘情愿地去实践它,这就是服务文化的渗透力。

四、如何构建良好的现代远程教育服务文化

这是一个仁者见仁、智者见智的问题。考虑我国远程教育的发展现状以及未来趋势,应该在以下三个方面着重加强:

（一）更新服务理念，创新管理模式

坚持以人为本的理念。支持服务的重心不应是技术、计算机、网络、资源库等硬件,而要转移到以人为中心,坚持以人为本的服务方向。服务文化具有鲜明的人性化特征,体现的是人与人之间的关系问题。服务文化应当突出以人为本的理念,建立在对人的尊重、关心、理解、爱护和帮助的基础上。现代远程教育规章制度的设计要真正体现"以人为本"的思想。既要尊重科学和理性,重视科学方法与科学手段的运用,又要讲求管理艺术,体现人文关怀,重视观念和情感的作用。

塑造共同价值,树立服务理念和价值观,并达成共识,强化全员服务意识。当这种全员服务的文化价值观被本学校成员认同后,就会达成一种共识,从而使学校产生一种巨大的向心力和凝聚力。

建立激励机制。通过价值激励、目标激励、奖惩激励、楷模激励、情感激励等策略强调对教职员工的尊重、关心、培养,激发他们在工作中的积极性、主动性和创造性。

（二）扩大宣传，树立全社会终身学习理念

在学习型社会的背景下,学习方式和生活方式已经密不可分。但在我国,社会宣传做得不够,许多人还不知道或不清楚这一教学模式的先进性和大众化。西方发达国家的主导产业是信息高技术产业。信息产业瞬息万变,知识更新换代频繁,客观造就了大量需要继续学习的群体,终身学习成为深入人心的一个观念。他们更倾向

于将网络作为一种素质和能力的培养手段，作为一种社会文化来潜移默化地影响学生。我们要在全国范围内树立终身学习理念，就要扩大宣传，尤其要做好配套服务宣传。

反馈和责任追究制度，关注学生的满意度，确保服务到位。远程教育作为一种新型的教育管理模式，其教学组织和资源发布都是通过在网上提供学习支持服务的形式来实现的。努力完善网上学习支持服务体系，通过提供优良的教育服务来体现自己的教育思想、教育内容，使学生在享受优质服务的同时，潜移默化地受到校园文化的感染和熏陶。

提炼学习支持服务的文化意蕴，建设符合时代发展要求的服务文化，不仅有助于提升现代远程教育的服务品质、树立现代远程教育的良好形象、提高现代远程教育的社会地位，而且这种无形资产还可以转化为现实的财富资源。无论从理论构建层面，还是现实操作层面，服务文化都是对校园文化的有力支撑，是现代远程教育的重要保证。

第五节　远程教育学习支持服务

随着网络技术的飞速发展，我国已经迈入"互联网+"时代。所谓"互联网+"，是指充分发挥互联网的作用，将互联网的科技创新成果与社会经济各领域深度融合的经济发展新形态。而"互联网+教育"，是将不断发展的互联网科技与教育领域紧密结合的一种新的教育形式。如今，信息技术的快速发展正在改变传统的课堂教学模式，以互联网为基础设施和实现工具的远程教育得到了空前的发展。目前，全国共有68所普通高校和6所开放大学开展远程教育。

相比于其他传统教育形式，在当今时代，远程教育的优势逐渐凸显。首先，以慕课、微课程为代表的基于互联网的教学模式，打破了时间、空间和学习模式的限制，实现了学习方式的快捷灵活。学生只要有一台电脑、一部手机，就能实现随时随地想学就学。其次，远程教育使各种优质资源共享互通，实现了教育资源的公平分配。有些处在偏远地区的学生，由于地域的限制，不能享受到高质量的教育资源，但有远程教育的资源共享，只要有网络，就能享受到最好的名师资源，有效解决了地域差异造成的教育资源不平衡问题。最后，远程教育有利于满足学生的个性化需求。不同年龄阶段、不同行业的学生可以根据自己的需求，选择适合自己的课程，提高学习的有效性。

一、学习支持服务的定义

1978 年，英国开放大学的大卫·西沃特发表的《远程学习系统对学生的持续关注》，是西方学者关于远程教育学习支持服务的第一篇系统论著。他提出在远程教育中，教师和机构应对学生有更多持续关注，为学生提供更好的学习支持服务。在国内，丁兴富教授是第一位研究远程教育学习支持服务的学者。他对学习支持服务的定义是"学习支持服务是远程教学院校及其教师等为远程学生提供的以师生或学生之间的人际面授和基于技术媒体的双向通信交流为主的各种信息的、资源的、人员的和设施的支助服务的总和，其目的在于指导、帮助和促进学生的自主学习，提高远程教育学生学习的质量和效果"。丁兴富把学习支持服务系统概括为：资源服务、信息服务、人员服务、设施服务、实践性教学环节、作业、检测和考试。简而言之，学习支持服务是远程教育机构及教师为学习者提供的教学资源、学务指导、技术支持、考务服务等学习过程中各项支持服务的总和。

二、学习支持服务在远程教育学习中的重要性

在远程教育中，学生借助互联网学习平台，利用电脑或者手机观看教师的教学视频和课件，通过课程答疑、教学论坛、电子邮件、微信、班级 QQ 群等方式与教师和同学展开交流，开展远程学习。虽然具有自主性和便捷性，但在空间上是师生分离的状态，独自在电脑前学习的学生遇到问题时往往不能得到及时有效的解决。学习支持服务就是连接学生与教师、教学机构的桥梁，是提高远程教育教学质量的重要保障。

在如今"互联网＋教育"的时代，日新月异的现代信息技术与教育深度融合，先进的互联网技术日益应用于教育领域中。学习支持服务是远程教育师生交互的关键环节，也要顺应时代发展不断优化服务举措，才能保证远程教学的长远发展。

三、基于"互联网+教育"的远程教育学习支持服务存在的问题

（一）网络学习资源支持不到位，不能够满足学习者的需求

学习资源是远程教育学习的命脉，是学生获取知识的养料。提供优质的学习资源是远程教育的首要任务。目前，远程教育的学习资源虽然很多，但也存在如下一些问题：

市场调研不充分。对远程教育学生的学习需求缺乏深入了解，不能针对不同年龄、不同职业的学生开发出个性化、多样化的课程，不能满足学生的个性化需要。

课程资源形式单一，教学缺乏实时互动性。目前的学习平台上的教学资源主要

是录制的视频,直播课堂较少,学生不能在听课过程中实时和授课教师互动提问,教与学脱节,教学辅导主要是通过课程论坛和在线答疑这些文字的形式回答学生提问,师生交流平台较少,学习方式过于单一。

课程内容脱离市场需求,实用性较低,不够丰富新颖。较少开发供学生自主学习和启发性学习的资源,满足成人教育职业和规划的实用性不强,远程教育的资源大多理论性较强、技能性偏弱。

(二)远程教育手机移动终端平台技术和学习支持服务亟待加强

1.手机移动学习平台缺乏技术支撑,App功能有待进一步开发完善

随着5G时代的到来,手机的功能越来越强大,手机的使用率远远超过了电脑。由于手机携带便捷,使用手机观看学习视频随时随地都能学习,相比于电脑PC端,大部分学生更喜欢使用手机移动终端登录学习平台,通过App观看课程视频和课件、做作业、查询考试安排及成绩、缴费等。如今,各高校远程教育的平台技术支持在电脑PC端做得比较成熟,但是在手机App的开发上还有待完善,App的设计和推广缺乏专业的网络公司,功能不健全。例如,有些App上没有离线下载功能,学生无法在手机上下载学习考试资料;没有手机网考客户端和人脸识别系统,学生参加课程网考还要登录电脑PC端才可以操作;毕业论文选题与写作系统不够完善等。

2.远程教育机构学务老师在移动平台技术服务能力方面有待提高

远程教育机构学务服务老师由于工作便利性使用的是电脑终端,有些学务老师对手机移动端学习平台不够熟悉,学生遇到问题不能够及时有效地解决。另外,学务老师跟学生的沟通方式还停留在电话、短信、班级QQ群、电子邮件等方式,极少开设学习中心的微信公众号,采用移动学习平台或者微信公众号的消息推送功能来发送通知公告。

(三)督学体系不够健全

督学是对学生的学习过程、学习进度和学习效果进行监督、管理和指导的学务服务。由于远程教育是学生在家自主开展学习,学习课程和做作业全靠学生的自觉性,不像传统教学那样方便教师集中管理。学务老师往往对远程教育学生的学习状况缺乏有效的监督和指导。而远程教育的学生来自社会不同的群体,文化水平参差不齐,每个学生的学习进程都各不相同,如何有效地对学生进行督学,帮助他们完成学习、作业、论文、考试等各个环节,显得尤为重要。如今的远程教育教学系统管理平台的建设在督学方面还不够健全。

（四）情感支持服务缺乏

远程教育主要是借助网络媒介学习，不同于传统的面授教学，学生都是各自在家通过网络自主开展学习，师生时空分离。学生在独自面对电脑或手机学习时，由于不能时时和老师面对面交流，往往会有孤独无助感，遇到问题甚至会有放弃或中断学习的想法。目前，远程教育教学机构大多关注的是学生的学习结果，容易忽视学生的心理情况，缺乏必要的情感关怀。

（五）个性化学习支持服务不明显

远程教育的学生来自不同阶层、不同职业，他们的文化水平、家庭背景、学习需求、学习习惯等方面也存在很大差异，学生的学习接受能力、学习进度、遇到的困难、学习效果也各不相同。目前大部分的远程教育机构给学生提供的学习支持服务是统一面向所有学生的，很少有针对学生的不同特点量身定制，来提供个性化的支持服务。

五、提升"互联网+教育"背景下的远程教育学习支持服务的有效措施

（一）丰富教学资源的形式和内容，加强移动学习资源的功能开发

1. 课程资源多元化

打造课程资源云服务平台，做到因材施教，学习形式尽量丰富、展示方式灵活多样。多开设直播课程、视频答疑等师生之间实时互动的形式，实现在线授课实时问答。在"互联网＋教育"时代，学生更倾向于使用手机移动设备学习，因此要加强移动学习资源的开发，利用互联网技术，多开发微课、微视频、课程 App 等微型移动资源，方便学生利用空闲时间进行碎片化学习。除此之外，还可以多开设模拟实验型课程资源、任务驱动型情景学习资源，如会计类的会计循环模拟实验课程。学生进入网络实验室根据仿真商业实景模拟操作，仿佛置身其中，触手可及，有助于提高学生学习积极性和有效性。

2. 课程内容实用化

需深入市场调研，开设符合不同职业、不同社会需求的课程。课程设计要更加实用化和多样化，服务在职成人学习，达到所学即所用。在课程内容方面，远程教育的学生对于职业技能提升的要求较高，可以多开发一些实用型、技能型的课程资源。例如，可以针对农村学习用户开发一些农业养殖类课程；针对教育资源薄弱地区，多开设教师技能培训类课程等。此外，还要加强远程教育师资力量的建设，对高校网络授课教师进行筛选和专业培训，提高远程教育课程资源的教学质量。

（二）注重利用先进的移动网络技术开展支持服务工作

1.完善移动学习平台手机 App 的功能开发

进一步完善手机 App 学习平台的各项功能，如资料离线下载功能、在线网络考试功能、公共移动终端人脸识别功能、毕业论文写作系统功能、在线自助办理各项免修免考等学务业务的功能等，给学生带来更顺畅、便捷的手机 App 学习体验，方便学生利用碎片化时间，随时随地想学就学。

2.加大移动学习支持服务力度，建立远程教育学习中心微信公众号

加强学务老师现代信息技术应用能力培训，使他们能够熟练掌握移动学习平台的各项功能，及时解决学员在移动学习过程中的困难和问题。另外，可在移动学习平台设置关于技术问题的自动回复功能；建立教学服务中心的微信公众号，及时发送微信通知，全方位做好导学、督学、助学、促学服务；指导学生按时完成学习、考试、论文等各环节，帮助学生顺利毕业。

（三）进一步完善督学管理系统，进行全方位督学管理

细化督学管理，全方位加大督学力度。远程机构学务老师要加强对学生网上课程资源点击数、学习时间、教学论坛发帖互动、作业提交、在线考试等各环节的监控，全面掌握学生学习动态。进一步完善远程教育教学管理系统在督导功能方面的开发，支持学习、作业、论文全程数据动态记录，使学务教师可以实时在教务管理平台导出并查看每个学生的学习进度，了解选课及缴费情况、课程学习时长、作业完成率、课程论坛发帖统计、论文选题及写作进展、在线考试提交、毕业和学位申请等情况，全方位做好学生学习各环节的督学，在学生薄弱环节多提供帮助。笔者在学务工作中，发现学生大部分在教材订阅、课程点击率、作业提交、论坛发帖、在线答疑参与互动方面不够主动，于是在这些薄弱方面加大督学力度，取得了良好的效果，帮助学生顺利完成学习进程，让学生学有所得。

（四）给予学生更多的人文和情感关怀

学务服务老师不应只关注学生的学习结果，而是在平时远程学习中通过各种方式多和学生沟通，在学习支持服务中投入更多的情感元素。远程教育机构学务教师可以给学生提供上门培训服务、一对一导学、心理咨询服务、电话回访服务等。通过这些方式，可以更清楚地了解每个学生的学习反馈以及他们在学习中遇到的具体困难，方便学务老师更加有针对性地为学生提供个性化服务，帮助学生解决学习困难；还可以定期组织不同主题的线下学生集体活动，增强网络班级凝聚力，营造互帮互

助氛围,实现学生之间、师生之间的零距离交流,让学生感受到温暖集体的力量,不再畏惧网络一端独自学习的寂寞无助,树立起学习自信心。通过给予学生更多的人文和情感关怀,真正让远程教育的学生感觉到远程不远、就在身边。

（五）探索基于大数据、云计算的个性化支持服务模式

建立基于大数据、云计算等互联网技术的多维度学习支持服务模式,提供"线上+线下"的多渠道学习支持服务,优化教学教务管理系统功能,实现从学生入学到毕业全过程的可视化管理。随着现代信息技术的发展,一些先进的互联网技术可以运用到远程教育支持服务领域,如大数据技术、云计算等,通过记录学生的课程学习数据、浏览轨迹,分析计算学生不同的学习需求、学习习惯及存在问题等,形成每个学生的电子学习档案簿。远程教育机构通过这些档案能够多角度了解学生学习动态,以此来为学生提供有针对性的个性化学习支持服务,满足学生在远程学习中自主学习的个性化需求,全面提供面向学生的"学、练、考、管、辅"一站式支持服务,从而推动远程教育学习质量的稳步提升。

学习支持服务对远程教育至关重要,是促进远程教育学员顺利完成学业、保证远程教育质量稳步提升的重要保障。在如今"互联网＋教育"时代,现代信息技术不断快速发展,教学模式、师生交互方式等通过各种互联网技术的应用正在发生着变革。学习支持服务工作也需要与时俱进优化创新,建立更加完善的学习支持服务体系,才能推动远程教育的长远发展。

第六节　远程开放教育终身学习服务

我国处在社会转型期,其平稳过渡有赖于各种人才发挥作用。人才源自于教育,教育乃是兴国之本。远程开放教育是互联网、信息技术高度发展的产物,顺应了世界之需求,其诞生符合唯物主义辩证观。其在终身学习服务方面体现的价值十分广泛。因此,讨论远程开放教育终身学习服务的价值体现以及影响因素,对于远程开放教育水平的提升有着非常现实的意义。

一、远程开放教育终身学习服务价值剖析

（一）资源整合，个性施教

新中国传统教育开展了 70 余年,一直存在着资源分配不均现象。例如,城乡

资源分配不均、重点学校和普通学校的资源分配不均，这些最终都会影响到教育公平性。

个性教育必须要在主流思想引导下展开，目前我国的主流思想是"社会主义核心价值观"，其24字从国家建设、社会目标、个人思想三个维度展开诉求，最终个人发展成为国家发展根本，故此个性教育成为促进国家发展的关键。远程开放教育可以摆脱传统教育资源的限制，例如传统的课桌椅、黑板、教室、校园的空间限制，可以将更加宝贵的教育资源，例如名师、名课、各类数字化学习资料等整合起来上传，只要人们想学便可以获得资料，摆脱了传统教育当中存在的资源分配不均问题，实现了教育公平。而且远程开放教育遵从了学生自己的意愿，想学什么、想怎么学都是学生自己来做决定，充分地结合了学习者的客观实际情况，例如学习者的工作、家庭、个人爱好等等，保证了个性化教育的实施，使学习者成为学习的主人。

（二）终身教育，学以致用

正所谓"活到老学到老"，社会发展依靠的是动态的知识驱动，若是知识不更新，社会发展就会停滞不前，甚至于会倒退。传统教育给予人的只是理论，是当时最先进的知识，一旦时过境迁知识都会更新，若是不继续学习，任何人都会被时代抛弃。以往想要动态更新知识是需要很大成本的，这个成本使学习者望而生畏。而在现代社会背景下，远程开放教育目的是构建知识型社会，能够让那些接受了校园教育的各行各业的人继续接受再教育，通过这样的形式来使人们不断成长、社会不断进步。尤其是在现如今世界经济一体化的大背景下，不进步就意味着倒退，就会从世界竞争环境里被淘汰。正因此，我国推出2010-2020教育改革和发展规划，其中将终身学习作为重点内容，明确了终身学习并且学以致用才是教育的核心。远程开放教育的知识体系随着时代发展而不断更新，各种各样的技术也不断演进，任何时候都可以让学习者掌握最匹配时代的知识和技术，让人拥有最强的竞争力，可以使个人价值得到最大发挥。

（三）信息交流，自主学习

在现代社会背景下，信息成为生产要素，任何工作不能缺乏信息交流，否则造成工作环节的断裂。只有掌握了信息技术才能保证工作持续健康开展。传统教学当中对信息并不是非常重视，基本上都是填鸭式教学，教和学中间的信息环节十分薄弱。这就会使学生对信息理解不够充分，对自己的学习缺乏规划，不能形成自主学习习惯。虽然在教育改革中实现了信息化教学，但是其毕竟不能完全做到因人而异，不可能迎合每个人的喜好,必然造成教育效率不足。而在远程开放教育之下,学生凭借自己生活、学习、工作需要来选择性学习,是兴趣使然的一种主动学习,能够和教师通过网络积极互动,使学生对信息资源形成筛选。这种信息素养对于学生来说至关重要,是自主学习不可或缺的决定因素。也就是说在终身学习服务当中,远程开放教育实现了真正意义上的"以人为本",而以人为本恰恰是现代教育的核心价值理念。

(四)三观改造,服务社会

人的世界观、价值观、人生观和本身接受的教育以及具有的素养有紧密关联。社会发展需要每个人都有积极的三观,这样才能保证三观驱动个人行为,而个人行为影响集体行为,集体行为推动社会发展。传统教育当中虽然具有思政教育、品德教育,但是其因为各种原因影响,教育结果还有待提升。远程开放教育当中,职业教育性质非常明显,其和学历教育呼应,能够让一个学生主体获得学历教育证书和职业教育证书,既保证了学习者的学历提升需求,也满足了学习者技能提升需求,使学习者成为完美型人才。人才增多必然是社会快速发展的巨大推动力。

二、影响远程开放教育终身学习服务价值的因素

(一)观念问题

主要是社会群众对于远程开放教育的认识不足,缺乏足够的自我学习能力。有很多人会因为他人影响等对自己进行的远程开放学习失去信心,影响学业。另外,如今的社会思想多元化,导致人们急功近利,对于继续学习缺乏动力。有的人是为了评职称才选择网络教育,在学习当中存在不严谨、不反思、不动脑,为了混文凭而学习的现象。

(二)政策问题

从宏观上来讲,国家推出了一系列利于远程开放教育开展的各类政策。但是从微观层次观察可以发现国家并没有给予电大为代表的远程开放教育单位足够的权柄和政策。这一点从一些远程开放教育机构的证书不受重视便可以得到证明。例如,在企事业单位当中,在人事任用上只承认学历教育证书,不承认成人教育证书。

(三)转化问题

所谓转化问题,指的是学生学习知识转化为产能的问题。只有知识能够快速转化为产能,才能使得远程开放教育具有经济驱动作用,才能让社会不断向前发展。况且知识不能转化为产能,也就会打消学生学习兴趣。这就需要远程开放教育需要偏

向于职业性、技能性教育。从目前远程开放教育专业课程设计来看,职业性、技能性并不是非常充分,这必然影响远程开放教育价值作用的发挥。也会使该类教育比较鸡肋,想要突破这个桎梏必须要解决教育转化这个重要问题。

三、提高远程开放教育终身学习服务水平的策略

(一)扭转观念

远程开放教育机构需要面对社会进行思想宣传,使得人们可以正确理解远程开放教育,能够结合自己需求展开学习。这其中要通过大数据技术来获得学习者的学习习惯、学习兴趣、学习领域等,确保知识以及技能满足学习者需求,激发学习者的学习欲望,使每个人都能形成强大的自主学习习惯,实现终身学习。教育者也能够通过互联网平台构建庞大的数据库,将和人类发展有关的各类知识进行整合归纳,能够使学习者方便下载利用。例如,2008年我国财政部就开始着手进行网络数字化教育学习资源的建设工作,其中清华、北大等高端学府将数学、化学、物理等有关领域的各类资源予以整合,给予继续教育者庞大的资源支持,希望可以构建一个学习型的社会。另外,中央电大也积极联合各大城市、各个行业、社会企业以及高校来一同锻造网络教育联盟,种种表现说明扭转观念才是缺乏远程开放教育服务价值的关键。

(二)调整政策

国家意志左右所有行业发展,为了使远程开放教育获得发展,使其服务终身学习的价值得到发挥,必须要对目前的政策进行审视和总结,要改变不良政策,推出一系统利于该类教育发展的宏观政策以及塑造利于政策落地的微观环境。国家需要给予中央电大为代表的有实力、有责任心的远程开放教育机构一定的权柄,提高此类教育机构颁发的技能毕业证、学历毕业证的权威,只有如此才能调动社会群众参与到具体的网络学习当中的积极性。政策调整离不开大数据技术,需要对全国各地的有关政策执行情况的数据进行采集,这样才能保证宏观政策制定拥有科学参考,避免政策的偏误。

(三)注重实效

首先,要求学习平台提供的学习内容具有实效性,避免理论的陈腐,要更加倾向于实践经验,能够保证各行业技术信息的动态更新,这样才能保证学习者获得的知识是新鲜的、是符合时代发展的、是可以转化的。其次,要塑造利于转化的环境,即

要求社会企事业单位鼓励员工或者工作人员通过网络自学提升学历和技能,并可以形成绩效考核,对学习者的转化水平进行评价,并根据成绩对接工资、福利,以此来驱动人们去进行网络学习。最后,需要有实力的高校能够融入远程开放教育体系之内,保证师资,确保教授内容具有时代性。也鼓励电大为代表的教育机构积极地和国外同类平台沟通,提升我国远程开放教育的水平,使国际先进技术理论以及知识能够被我国学习者获得,提升其技能水平。

我国成人教育由来已久,远程开放教育则属于新时期信息化教学模式,其弥补了以往成人教育的不足,在资源供给上更加公平,彰显了社会学习的自主性、个性化。从宏观角度,着眼于个人和国家发展的关系,努力培养拥有终身学习能力的综合性人才,以此来构建学习型社会,驱动国家发展。正因此,其服务终生学习的价值是巨大的,需要每一位有关主体给予重视,能够在思想、政策、转化上投入精力,确保该类教育健康持续发展。

第五章 计算机远程教育的实践应用研究

第一节　平板电脑在远程教育应用中的制约因素

新媒体联盟《2012年地平线报告》指出,平板计算是未来五年可能影响教育发展最重要的六项技术之一。平板电脑由于克服了传统PC在时间、地点等方面的客观限制,一经问世,即抢占电脑市场,成为颇具前景的电子产品。它颠覆了以往PC已经成熟的Web模式,其多媒体特性、移动性、便捷的操作性以及资源分发模式,可能会对目前在线学习模式进行迭代和补充,促进远程教育教学发展,因此受到国内外广泛关注。目前,平板电脑在远程教育中的应用已经涉及数字阅读、视频公开课、电子教材、电子书包等多方面,但由于普及率、资源开发成本、交互屏障、消费意愿等综合因素,其在远程教育中的广泛应用还没有形成整体的成熟方案和模式,还需要远程教育机构、教学设计者、软件开发者及决策部门实践创新破局,构建符合各类学员特点,更方便易用、大众化的全民教育、终身教育的远程教育模式。

基于传统个人计算机,伴随互联网发展而开展的第三代远程教育遵循开放的理念,可以跨时空开展学习活动,学习对象涵盖了中青老幼,扩展了远程教育的教育对象和范畴,但实际上还受诸多客观环境的限制。首先是学习场所。学习者需要接入互联网络,因此电脑、电源、桌椅等物理条件是必需品,学习场所也由此受到了限制。其次是学习时间。学习由于局限于办公环境或者网吧等,其学习时间也会受到这些地方开放时间的限制。最后是技术门槛。熟练掌握键盘、鼠标的使用方法以及一些人机界面固定交互模式等,对中老年、幼年学习者有一定的障碍。

平板电脑移动智能终端的出现,克服了上述的局限。自2010年4月iPad面世以来,PC各大厂商纷纷推出平板电脑产品。平板电脑采用触摸界面进行人机交互,在富有视觉体验的移动环境下,使人们在消费和使用各类多媒体信息时,更加简捷、便利和愉悦。据统计,当前全球已有超过4000万台的iPad和2 000万的(主要为安卓系统)平板电脑投入使用;预测2012年末将有近1.7亿用户。2011年Google调查发现,拥有iPad的用户主要利用iPad进行社交、收发邮件及阅读新闻;68%的

iPad拥有者每天在平板电脑上耗时超过1小时，在平板电脑上花费的时间，有可能超过在台式电脑和笔记本电脑上的时间。

新媒体联盟（New Media Consortium，NMC）《2012年地平线报告》公布了高等教育领域未来一到五年中可能会被广泛应用、并对教育发展产生重要影响作用的六项技术，其中移动应用（Mobile Applications）和平板计算（Table Computing）分列第一和第二位。平板电脑有别于其他智能手机、电子阅读器或掌上电脑等移动设备，它以其综合的功能优势越来越被人们接受。随着平板电脑技术的更新与发展，通过它来共享资料、视频、图像等逐渐成为人们的理想之选。不久的将来，平板电脑将和手机、电视一样真正走入家庭，甚至取代家庭桌面电脑，成为家庭、个人的主要智能终端，成为广泛普及的电子消费产品。

一、平板电脑适用于远程教育的特点

（一）继承PC多媒体特性、移动性、使用技术门槛低

平板电脑从功能上讲，具备了进行远程教育的多项特性。第一，平板电脑继承了个人桌面计算机的多媒体功能，能够很好地呈现音视频、动画、图像等多媒体信息，便利地开展语音视频交互。第二，平板设备本身具备一定的存储功能，且具有移动便携的特性，可以利用地铁、候餐、排队、候机等场合的碎片化时间进行在线或者离线学习，也可以在舒适休闲的家庭、学校等场合进行集中学习。一般平板电脑的续航时间设计为8~10小时，这对于终身学习者而言，意味着更多的学习时间和机会。第三，由于平板电脑采用自然人工交互界面，学习者可以眼看、耳听、脑想，用声音来控制、用手指去把握，使用对象跨度拓宽至幼儿和老人，更有利于满足远程学习者多样化、终身学习需求。第四，平板电脑一般采用7寸或10寸屏幕，符合人体视觉/视角自然特点，不容易产生视觉疲劳。

（二）学习资源的分发与获取方便，有利于保护知识产权

目前，主流移动平板平台完全有别于传统软件的分发模式，都采用App Store的方式分发软件，如苹果平台的App Store、安卓平台的Android Market等。

App Store即Application Store，通常翻译为应用程序商店。App Store是由苹果公司为iPad（开始是iPhone、iPod Touch以及Mac）创建的服务，允许用户从App Store浏览和下载一些为iPad、iPhone、iPad Touch或Mac开发的应用程序，以拓展设备的功能。在这种模式下，用户可以购买或免费试用许多实用的软件（程序），而无须按照传统方式安装介质物流，简化了市场分销体系。App Store产业链简单明

晰，建立了用户、开发者、苹果公司三方共赢的商业模式，为第三方软件商提供了方便而又高效的软件销售平台。用户可以像在超市中一样搜索、体验、选购、支付和使用商品软件。

学习资源类软件可以采用这个模式，形成一个个的 App，在平板平台进行销售分发。同时，由于 App Store 的集中审核管理，避免了资源软件的随意复制，有利于数字资源的知识产权保护，有利于合理共赢的数字资源商业模式的形成。

二、平板电脑在国内外远程教育的应用

（一）平板数字阅读类应用

平板电脑不仅具有个人电脑、智能手机等相同优点，同时也具备纸质媒体的部分特性，例如重量轻、视觉不疲劳等。世界上最大的在线数字图书销售商亚马孙 Amazon 目前提供超过 10 万种电子书供用户下载，而且还提供报纸杂志订阅，诸如纽约时报、华尔街日报、华盛顿邮报、时代周刊、福布斯等。2011 年初，Amazon 平台上数字图书的销售量已经超越传统纸质图书；同年 11 月，亚马孙上市发布了基于谷歌 Android 2.3 操作系统深度定制的平板电脑 Kindle Fire（烈火），并补贴成本 50 美元进行发售，这充分显示了平板数字阅读（出版）市场的前景。

国内数字图书馆移动阅读商也在跟进。超星、方正两大公司也分别发布了基于两大平板平台（苹果、安卓）的数字阅读应用 SSReader 和 Apabi Reader，提供了部分免费数字阅读资源，并同国内多所高校图书馆开展了移动平板阅读的合作。

广州电大图书馆于 2012 年 6 月推出基于平板技术的移动阅读服务，包括：通过平板移动设备阅读一百多万种电子全文图书；检索中外文图书、期刊、报纸、学位论文等文献；通过移动设备获得个人借阅信息查询，进行图书到期查询、逾期续借、预约等个性化服务。

（二）视频类及公开课类平板应用

国外平板电脑教育应用最为广泛的是通过 iPad、iPhone、iPod Touch 中的 iTunes U，可以浏览和下载全世界超过 1 000 所高等院校及中小学校和文化机构免费提供的涵盖了上千科目的 500 000 多个免费讲座、视频、电子书和其他资源，其中包括斯坦福大学、耶鲁大学、麻省理工学院、牛津大学、加州大学伯克利分校以及纽约现代艺术博物馆、纽约公共图书馆和国际公众之声等知名机构提供的各种资源。

2010 年 11 月，中国门户网站网易也推出"全球名校视频公开课项目"（iTunes U 的中国版），首批上线的 1 200 门公开课视频，其中有 200 多门配有中文字幕。学

习者可以使用平板电脑 App 应用在线或离线免费观看这些世界级名校的公开课课程。类似的还有新浪公开课平板应用,也已经吸引了大量远程学习者。

2011 年 9 月,全球最大的中文学术视频库——超星学术视频正式上线。该视频库目前已拍摄 5 410 位名师的 6 580 门课程及专题,制作视频达 8 万余集。这些学术视频资源浓缩在一台学习终端上:通过网络连接的"超 PAD"。一些商业视频运营网站,如奇艺、土豆、搜狐、优酷、56 视频等也都开发了基于平板的客户端产品。美国在线视频技术和服务提供商 Ooyala 2011 年第三季度研究报告显示,使用平板电脑的用户观看视频时间平均比使用台式电脑或笔记本电脑的长 28%;耐心看完视频的比率(完成率),前者是后者的两倍。

（三）教学综合类应用

平板电脑生产主要厂商苹果公司在教育领域的口号是"一对一",意思是每一位学生都应该拥有一台苹果的移动终端设备。目前苹果公司在美国逾 600 个校区推行这一计划,参加的学校最少有一个班学生参与这项活动,活动中每人都配置一部 iPad（从幼儿园到八年级的学生都能获得一台 iPad）,不同的年级配备相对应的应用程序。随着越来越多的美国学校采用 iPad 平板电脑来取代传统教科书,教材出版商也以极高的热情投入平板电脑版电子教材的开发。美国主要教科书出版商麦格劳·希尔、霍顿·米夫林哈考特、皮尔逊教育、卡普兰公司等已经与软件公司 Scroll Motion 达成协议,由后者代为制作适用于 iPad 的电子版教材,包括课本、教参和考辅应用等。皮尔逊教育和麦格劳·希尔还对互动电子教材开发商 Inkling 进行了投资,以期针对平板电脑开发互动性电子教材。平板应用逐步进入教学的各个环节,包括视频课程、课件演示重现、笔记、作业、答疑、考试等。平板电脑给教学带来新的体验,如互动程序示范数学解题、记事程序帮助学生做笔记、相关影带与教程的阅览协助学习历史或外语、学生考卷与家庭作业迅速回传教师等。法国部分中学也在尝试将 iPad 平板电脑引入课堂,成为新的教学工具。

国内基础教育领域,"电子书包"的研究和实践成为一个热点。电子书包是基于平板电脑,整合了传统"家校通"沟通功能以及更加丰富的教育信息化功能（如数字化教育资源、学生成长史等）,帮助孩子们学习和生活的信息助手,是一个真正的"数字化书包"。近几年,北京、上海、成都、广州、深圳、大连等大城市的中小学,都开始进行"电子书包"教学模式的实验和研究。研究涉及语文、数学、英语、科学、综合活动等课程和科目。北京和上海更是把"电子书包"项目写入了"十二五"规划。

上海交通大学与超星集团合作,在中国高校率先发布了基于平板电脑"超 PAD"

的电子教学参考系统。这套系统利用了超星的资源优势和上海交通大学教学课堂方面的优势，既具有教室里学生和老师互动、老师批改作业等功能，可以进行移动课堂教学管理；还具有学习笔记、离线阅读、书刊保存功能，实现了教学课程信息与教参资源的实时互通和"教""参""学"的三位一体，成为学生大学学习乃至终身学习的工具。

平板电脑在远程教育业界的应用，无疑给远程教育的探讨与研究带来了新的机遇，将促进远程教育各方面的成熟与发展。目前，平板电脑在远程教育中的应用与研究还处于初始阶段，主要集中在数字阅读、影视视频欣赏、名校公开课、电子教材教参等相对割裂的应用环节，还没形成整体的成熟方案和模式；与之匹配的相关远程教育课程、资源以及服务多处于规划、设想或小规模前期实践探索阶段，尚未形成规模，有待进一步地发展与完善。平板电脑作为一种新型学习终端，如何探索符合各类学员特点、构建更为方便易用、更大众化的全民教育、终身教育的远程教育模式，是一个亟须解决的课题。

三、基于平板电脑开展远程教育的制约因素

（一）平板电脑作为移动终端普及有待时日

当前平板电脑硬件售价依旧较高（2 000-4 000 元），作为一种新兴的信息产品进入家庭还需要一个过程。但是从平板电脑这几年在国内稳步的发展状况看，当平板电脑具备一定的普及率后，可能发生群体效应导致普及率猛增实现规模效应，而大规模的生产和充分合理的市场竞争将导致价格进入普通消费区，从而进一步促进平板市场的成熟和普及。

在政府部门、学校、企业等市场，平板电脑作为移动设备的资产管理有待研究。如何避免移动设备私有化，如何进行共用管理，如何解决供电、防盗等问题，都是平板电脑普及过程中的不利因素。另外，无线互联网的覆盖以及资费也会影响平板电脑的普及。但从当前的研究数据调查、政策以及市场的发展趋势分析来看，平板电脑普及的前景相当乐观。

（二）移动学习资源开发成本较高，资源较少

目前，移动平台发展过程中出现双平台（苹果 IOS 和谷歌 Android），甚至可能三平台（Windows Mobile），各平台不兼容。例如，两大平台对视频格式支持都不够好，这其中既有应用软件的问题，也有系统软件的问题。苹果的 IOS 不支持 Flash，早期的安卓系统（2.1）也不支持 Flash，这对教育类软件相当不利，需要对存量很大的

Flash 视频资源素材进行改造。由于开发模式不定型、资源开发辅助工具处于起步阶段、知识专家很难全面参与、相应软件人才缺乏等，造成目前移动学习资源开发成本较高、周期较长、现存资源较少的现状。而远程教育中，学习资源的质量和丰富程度是影响学习效果的关键。所以，如果平板电脑想要在远程教育领域有所建树，资源建设问题必须解决。

（三）基于文本的交互，文字输入障碍依旧存在

由于移动设备的便携特性，很多人机交互行为通过触屏来完成。对于一些复杂的交互，如文字录入类别，触屏的输入空间、输入习惯有别于传统的键盘输入，可能造成输入效率低下、错误较多等问题，影响交互的质量和效率。随着语音识别技术的发展，这一障碍即将跨越。语音技术的不断成功可能会取代移动设备的键盘输入。苹果公司最新部署在其平板系列产品上的一项语音控制功能 Siri，可以支持自然语言交互，不断学习新的声音和语调，提供对话式的应答。Siri 语音系统目前支持英语、法语和德语，也已经支持中文甚至粤语。基于语音交互的人机界面指日可待。

（四）软件消费意识有待成熟

国内付费软件消费意愿仍处于极其低端状态，以苹果的 App Store 为例，在中国的销售额仅为全世界的 0.1%，付费转化率也不到 0.1%。

基于平板电脑教育资源开发的成本效益窄化了应用领域。目前，基于平板电脑的教育资源开发主要集中在一些高端培训的定制开发，或者广告模式的小软件（多为免费且为个人开发）。虽然一些成熟的在线培训机构、平台开发商出于预研的目的在小范围内做了一些实践，但是由于投资保护的原因，也缺乏革新的动力。一些出版商（资源商）也对数字出版持谨慎态度。而且由于暂时还没有大型机构的投入，目前也没有成型的教育软件专业市场，很难形成集群效应，既难以通过规模来分摊开发成本，也难以通过竞争来改善平板电脑资源质量。

综上所述，由于平板电脑普及率、资源开发、交互屏障、消费意愿等综合原因，其在远程教育的全面应用有待时日。

四、平板电脑在远程教育应用的发展策略

教育教学资源分发模式的革新，将有助于教育软件垂直应用市场的形成。基于网络的远程教育机构不再局限于地域，这一点尤其会在非学历培训市场凸显。远程教育研究者与实践者如何把握技术发展带来的革新，利用平板电脑促进远程学与教的成效，笔者认为可以从以下四个方面进行考虑：

（一）远程教育机构

对于远程教育资源商或者培训机构、院校而言，适应平板电脑发展趋势，首先，需要开展基于平板电脑学习活动的预研，小范围的实践探索，掌握其特点，明确如何提高平板电脑学习者学习效益，保证新模式下的教育质量。其次，要加大对现存数字资源改造和建设投入，形成特色学科、课程平板资源体系。最后，若有能力，应投入教育软件垂直应用市场平台建设，吸收第三方优质教育资源，覆盖学习者多样化需求，打造学分银行、学分超市，在平板终端上开发性能优异的通用客户端App，树立资源品牌。这样将会在市场竞争中获得先发优势以及平台优势所带来的规则优势。

（二）教学设计者

对于教学设计者而言，要充分发挥平板电脑在远程教育上的移动优势，首先应适应学习者的特点进行资源设计，兼顾学习者利用碎片时间进行学习的特点。知识点单元的封装与设计也需与之匹配，知识节点负载微型化、实用化，激发学习者兴趣等。其次，设计的资源要适应技术的进一步发展。由于语言识别、体感识别技术的成熟，远程教育教学资源中的交互内容设计将发生重大变革。一方面，人机界面的传统交互模式可能会被自然语言交互或体感交互所取代；另一方面，在线学习的人人交互可能随着自然语言的便利性而愈来愈频繁、深入和全面。这两者都需要进一步进行研究、实践和归纳。基于平板电脑的移动学习与正式学习间的关系也是值得实践和研究的一个课题。

（三）平板资源软件开发者

现阶段，对于平板资源开发者而言，Web App是首选。由于原生App（Native App）的普适性不好，采用Web App模式开发教育类资源见效快、周期短、普适性强，是较优选择。特别是无过高性能要求、也无特殊本地设备要求（语音对讲、摄像头交互等）类别的教育资源开发，或者对于既存的基于Web的网络教育资源改造，建议优先采用Web App模式封装开发。普适性的产品还需等待移动领域Web App技术规范的发展成熟。另外，现阶段平板资源软件开发者比较缺乏将大量现存远程教育资源库改造成平板资源的改造工具软件和适用于教师的平板资源创作工具软件。若开发类似产品，将会获得良好的社会效益和经济效益。最后，素材资源库的建设，特别是视频要考虑采用事实标准格式，适应在线、离线应用。

（四）决策部门

平板电脑在远程教育的应用需要政府相关决策部门予以适度的扶持和引导。比如从政策上予以支持和鼓励,将基于平板电脑的移动智能终端纳入教育信息化发展规划目标之中;在年度的政府财政预算中,划拨平板电脑教育领域应用相关的科技专项基金,突出以科研项目带动建设、以科研项目增强研究服务实效等。政府教育部门还可以加强以有关平板电脑教育为手段的课程改革项目的策划组织与管理,鼓励教育机构开展实践;鼓励远程教育从业者对外加强国际交流,研究项目、课改项目立足于国际视野,吸取国际最新的成果和经验;对内加强与国家标准化委员会等部门的沟通协调,尽快出台平板电脑教育资源的技术标准和规范,避免资源低水平重复建设和资源孤岛等。

平板电脑等移动智能设备的出现颠覆了以往 PC 已经成熟的 Web 模式,其软件的分发模式、人机交互方式都发生了根本性的变化,可能会对目前在线学习模式进行迭代和补充。基于平板电脑,更大范围的学习者可以利用更多的碎片时间在更加舒适的环境中开展学习活动,眼观口说,交互流畅,从而获得更加理想的学习效果。

第二节 基于 4G 技术的现代远程教育应用

20 世纪以来,现代科技已经广泛影响着人们日常生活的各方面,人类社会真正进入了信息时代和知识经济时代。特别是进入 21 世纪以来,互联网技术、无线通信技术、流媒体技术、多媒体技术和无线移动终端设备的不断发展,为知识的产生、组织、存储、传播和共享提供了广阔的发展空间和前所未有的便捷,同时也给现代远程教育的发展提供了良好的发展机遇。

笔者认为,从总体来看,我国的远程教育发展主要经历了四个阶段:第一个阶段是早期的函授教育,虽然这种教育方式曾为我国培养了大量人才,但是函授教育自身存在很大的局限性;第二个阶段是 20 世纪 80 年代兴起的广播电视教育,这种远程教育方式也曾风靡一时,成为中国教育的重要组成部分;第三个阶段是 20 世纪 90 年代后,随着计算机通信技术和网络技术的发展,以现代信息技术为基础的远程教育;第四个阶段是随着现代信息技术的发展,以计算机技术、网络技术、无线电通信技术、多媒体技术等多种技术为基础,以构筑知识经济时代实现终身学习体系为目的而产生的一种新型教育形式。随着无线网络的普及与应用,各种移动业务的应用以及信息化技术取得了重大进步,特别是 3G 和 4G 通信技术的发展,4G 终端设备的功能和性能不断提高。这些技术在"云计算"技术的支撑下,必将会为现代远程教育技术实现方式带来全新的发展空间,从而可以真正促进任何地点、任何时间、任何方式的学习,并成为全民素质教育和终身教育的有效途径和重要手段。

一、4G技术内涵

（一）4G技术及其特征

4G 技术,即第四代移动通信技术,4G 是一个通用的名称,它融合了 3G 通信技术的诸多优点,是在传统通信技术的基础上,对 3G 与 WLAN 进行有效整合,能够在无电缆连接的情况下建立起超高速信息公路,实现图、文、声、像的高品质传输,为用户的多媒体业务和可视化通信提供可能。4G 网络的下行速率高达 100Mbps,比拨号上网快 2000 倍,上传的速度也能达到 20Mbps,这种速率几乎能满足所有用户对无线服务的要求,同时,4G 无线网络通信技术具有更好的安全性和保密性。

（二）4G关键技术

4G 的关键技术主要包括:OFDM(Orthogonal Frequency Division Multiplexing,正交频分复用) 技术、SA(Smart Antennas,智能天线) 技术、无线链路增强技术、MIMO(多输入多输出) 技术、IPv6 技术以及 SDR(Software Defined Radio,软件无线电) 技术等。其中,OFDM 技术是 4G 通信系统的核心技术,它是一种多载波调制,具有频谱利用率高、适合高速数据传输、抗衰落和抗码间干扰 (ISI) 能力强等优点;SA 技术采用了空时多址 (SDMA) 技术,能够利用信号差异区分信号,动态改变信号的覆盖区域,SA 具有抑制信号干扰、自动跟踪及数字波束调节等功能,可为用户提供优质的网络服务,被认为是未来移动通信的关键技术;MIM0 技术是指在基站和移动终端设有多个天线,能提供很高的频谱利用率,改善无线信道的性能,提高无线系统的容量及覆盖范围;SDR 技术在尽可能靠近天线的地方使用宽带 A/D(模拟 /数字) 和 D/A(数字 / 模拟) 变换器,以便将接收到的信号尽可能早地转换,使得系统具有灵活性和适应性。

二、4G技术在现代远程教育中的应用条件与优势分析

（一）应用条件分析

硬件条件。近年来,计算机技术、网络通信技术的发展突飞猛进,网络带宽不断增加,网络性能和网络的稳定性得到了极大的改善,无线上网设备种类越来越多,功能越来越强大,而且性价比不断提高。目前,能够支持无线上网的高档智能手机、笔记本、Tablet PC、POS 机甚至包括车载电脑等设备在市场上随处可见,对于普通学

习者,拥有一部高性能的学习终端不再是梦想。除此以外,各类学校都基本建成自己的校园网,并设置现代远程教育中心。学习者可以通过网络教育社区、教育博客、BBS、E-LEARNING、M-LEARNING 甚至微信、微博等平台,获取已共享在网上的各类学习资源,这样打破了传统意义上教育在线的概念。这些都为 4G 技术在现代远程教育中的应用奠定了物质条件。反过来,这些硬件条件也加速了现代远程教育前进的步伐。

软件条件。网络教学资源是开展网络教育的前提和基础。传统教学资源的信息表现形式较单一,主要是以文字或数字形式表现出来的。而网络教学资源的表现形式则多种多样,可以是文本、图像、音频、视频、软件或数据库等多种形式的存在。随着教育信息化和数字化工作的不断推进,网络教学资源越来越丰富,从幼儿教育到高等教育,乃至各类专业教辅和学习资料应有尽有,可以满足各类学习者不同的需求。另外,为了切实推进教育创新,深化教学改革,促进现代信息技术在教学中的应用,实现优质教学资源共享,提升我国高等教育的综合实力和国际竞争能力,教育部在全国高等学校(包括高职高专院校)中启动了高等学校教学质量与教学改革工程精品课程建设工作,倡导改革教学方法和运用现代化教育技术手段,鼓励开发、使用优秀教材,提高教学资源的利用率和实践教学质量,促进教学资源更好地为实际教学系统服务,发挥学生的主动性、积极性和能动性,培养学生的科学探索精神和创新能力。精品课程建设最终将会实现优质资源的共享与应用,各高等院校为了把握机遇,逐步建立完善各类教育资源数据库、试题库,并将众多资源融入整体的教育云(包括 CCAI 和 CCBE)平台之中,从而实现资源融合与共享。这些为现代远程教育提供了充足的软件支持。

(二)4G技术应用在远程教育中的优势

第一,由于 4G 的数据传输率很高,学习者通过移动网络很容易获取所需信息,这些信息不再是单纯的文字声音,而是包含图文声像等多媒体资源,不仅灵活便捷,而且自由高效,使学习者体验到不亚于有线连接的学习品质;第二,学习者可以通过微博、微信、讨论区或 BBS 等平台发表文章,利用超文本的链接方式对感兴趣的内容进行讨论交流;第三,成人教育学习者由于工作繁忙,需要根据个人工作、生活的需要或习惯,灵活地安排学习时间和学习地点。而基于 4G 技术的现代远程教育在时间上和空间上非常灵活,学习者可以在现代远程教育系统的支持下通过视频直播和视频点播方式来解决工学矛盾;第四,基于 4G 的现代远程教育模式可以通过教育平台,将分布在各地的学习者集中到一个类似传统班级的"虚拟班",学习者通过视频实现面对面的交流,而且使管理工作更简单。

三、4G技术在远程教育中的应用模式

基于 4G 技术的远程教育是学习者利用智能学习终端设备,通过 4G 网络连接到教育应用服务平台,访问相应的教学资源库和学习资源库而进行自主学习的一种学习方式。

教学服务器和学习服务器存放着丰富的教学资源(包括各种课件和流媒体资源),并与 Internet 相连,学习者通过 SMS(Short Messaging Service) 或在线信息浏览的方式,再通过智能学习终端可以很容易获取相应的资源。当然,学习者也可以通过直播的方式加入课堂学习中,服务程序可以把教室的上课现场信息和课件转化成符合 Internet 或无线教育网络传输的数据格式进行实时传输,学生则利用移动学习终端进行实时学习并能与教师进行实时交互。

我国的 4G 通信技术与国际水平几乎没有差距。从目前来看,尽管基于 4G 通信技术的远程直播教学方式应用还没有普及,但随着 4G 技术、三网融合技术的不断成熟,电视与网络相结合,网络远程教育将进入千家万户的电视节目中,尤其是点播电视将会使现代远程教育技术取得突破性进展。习近平主席在《联合国"教育第一"全球倡议行动一周年纪念活动上发表视频贺词》中指出:"中国将坚定实施科教兴国战略,始终把教育摆在优先发展的战略位置,不断扩大投入,努力发展全民教育、终身教育,建设学习型社会,努力让每个孩子享有受教育的机会,努力让 13 亿人民享有更好更公平的教育,获得发展自身、奉献社会、造福人民的能力。"可以预见,在党和国家的支持下,在各种远程教育模式的推动下,在广大农村学习者的积极参与下,随着 4G 技术的成熟,4G 技术就像助燃剂,它将使现代远程教育这把火烧得更旺。

第三节　数字电视传播特征及其远程教育应用

当今世界处于飞速发展的信息时代,随着科学技术的日新月异,先进的计算机技术、电子集成技术、通信技术迅速向电视领域渗透,电视业正迎来一场革命性的变化,概括地说主要体现在两方面,即电视的数字化和网络化。随着模拟变数字,单向变双向,由用户看电视向用电视的转变,数字电视必然为其在远程教育中的应用带来广阔空间。

一、数字电视概念

数字电视（Digital Television, DTV），简而言之，就是用数字信号技术进行制作、播出和传送的电视。数字电视传输过程：由电视台送出的图像及声音信号，经数字压缩和数字调制后，形成数字电视信号，经过卫星、地面无线广播或有线电缆等方式传送，由数字电视接收后，通过数字解调和数字视音频解码处理还原出原来的图像及伴音信号。

与模拟电视相比，数字电视在技术上有其独特的优势：①数字电视信号的传输不像模拟信号受到传输过程中噪声积累的影响，几乎完全不受噪声干扰，在接收端收看到的电视图像非常接近演播室水平，清晰度高、抗干扰能力强、音频效果好；②数字电视频道数量将增加数倍，利用现有的一个 8 MHz 模拟电视频道，可传输 6～8 套 DVD 质量或 15～18 套 VCD 质量的数字电视节目，电视频道资源充分利用，可满足用户自由选择电视节目的个性化要求；③数字电视的电子节目指南（Electronic Program Guide, EPG）能提供一段时间内的所有电视节目信息，并让用户能够从节目单中选择当前的节目进行播放，还包含很多高级功能，如提供节目的附加信息（节目情节介绍），按节目内容进行分类，节目预定，以及对节目内容进行分级控制等；④数字电视可开展多功能业务。随着有线电视传输和用户接收的数字化，以往用模拟方式无法提供的服务都将成为可能，电视网站、交互电视、股票行情与分析、准视频点播等新业务的开展将变得更加容易，用户将从单纯的收视者变为积极的参与者。

二、数字电视教育传播特点

电视经过数字化处理以及 HFC（Hybrid Fiber Coaxial，光纤和同轴电缆混合）双向通道的信息传播，具有内容多样性、传播交互性、资源共享性、受众主动性、时空选择性、服务个性化、范围国际化等教育传播特点。

（一）内容的多样性

在数字电视屏幕上不单单可以看到视频节目，还可看到大量的图片、文字等文本信息内容，犹如网站网页，形成多媒体的表达方式。数字电视可以把采用不同表达方式的内容在屏幕上同时播出，互相切换。一个典型的模式是可以把一个数字平面的静止内容和一个视频动态的表达联系起来。例如在看足球比赛的时候，当对某一个球员感兴趣时，输入这个球员的代号，会跳出一个静止画面来介绍这个球员的背景。通过这一技术，当正在远程学习某一课程的时候可以同时调出有关的背景学习资料。这种多媒体的表达方式必须在数字电视技术上处理，它相对于传统的单一表达方式是一个很大的进步。

（二）传播的交互性

2002年春节晚会，电视与网络的互融互动就取得很好的社会反响。晚会现场单独设置网络专区，在演播室设置电脑，电视主持人首次以网络主持人的全新形象呈现在海内外观众和网友面前，和他们互动交流，畅谈中华民族传统佳节的热门话题。晚会进行期间，网络还为晚会提供三轮竞猜活动并当场公布结果，吸引广大观众和网友热情参与。就电视传播本身来看，传播内容有了全新的要素，传播形式有了创新，传播氛围有了轻松时尚、娱乐互动的气息；就部分观众和网友来看，则是过年方式的改变，观众不再只是旁观者、欣赏者，而是可以参与到节目中，在网上发表建议与意见。这个实例只是电视与网络在播出方式上的组合，是电视借助网络手段，实现电视功能的延伸。而数字电视本身就是传统电视和网络功能的集合体，电视具有网络的功能，更方便同观众展开实时互动，实现双向交流。

从教育传播的角度，交互活动可以简单定义为：在教学过程中，教师与学习者之间、学习者与学习者之间的双向信息传播。在这个意义里，教师将教学内容提供给学习者，并根据学习者以某些方式反馈回来的学习情况进行教学过程、学习内容的调整、修订。因此，教育模式中的交互活动包括：①反应的实时性，学习者需要时，可以毫无延迟地获得有关信息；②信息的非连续性输出，教学进度按学习者的要求输出或随机调整输出；③修改性，教学程序、内容可以根据学习者的需要或学习要求进行置换；④双向性，教师与学生之间、学生与学生之间可以就某一学习内容展开讨论，互相交换信息。

传统的远程教育缺乏交互性的主要表现：一是教师与学习者不是面对面地在一起，师生之间无法直接沟通；二是学习者之间缺乏经常交流的机会；三是缺乏集体学习的氛围。数字电视的出现为解决上述问题提供了可能。由于数字电视实现了交互的信息传播，这是一种双向的信息传递模式，教师、学习者可以直接对话、沟通，同时也为教师和学习者、学习者和学习者之间的交流、讨论提供了条件，并方便了二者之间的情感交流，从而营造出良好的学习氛围。另外，数字电视教学信息的双向传递模式为学习者进入人机交互创造了条件，通过数字电视，学习者可以很方便地与教师、学习者共同探讨问题，有利于激发学习者的创造性灵感，培养创造性思维。通过数字电视遥控器、机顶盒键盘或者电视电话会议系统，可以实现教学过程中师生之间的不同互动，回答讲授时教师的提问，教师批改习题作业，习题讨论，个别答疑以及学生之间的相互切磋。

（三）资源的共享性

电视节目内容生产、传输数字化后，电视网、公用电话网、计算机网三网合一，通过电缆实现信息资源共享。数字电视融合电视与互联网的优势，不仅创造出集文字、语言、声像于一体的新型信息处理模型，而且可以为学习者提供丰富的教学资源。这主要表现在两个方面：①可以把现有各学科的教学录像带转换成 MPEG-2 数据存放在视频服务器中，组成庞大的教学资源库，同时还可以把全国乃至世界各大学的图书馆组织起来，建立虚拟图书馆供学习者进行选择；②学习者可以利用网络优势获取各种知识及最新的信息，学习者足不出户就可以方便、快捷地利用数字电视的双向交互功能调用所需教学信息，实现资源共享。

（四）受众的主动性

数字电视的最大特点是将收视的主控权真正交给受众，使受众从单纯地被动接收节目变得具有很大的主动性。在传统电视的收看环境中，受众可以在 5 个、50 个甚至更多频道中进行选择，他们也可以在数百页图文信息中进行搜索，甚至可以发挥更多的主观能动性通过热线电话参与节目。但是，受众在这种广播模式下并没有太多的控制权，他们只是在被动接收的基础上获得更广阔的选择余地。而数字电视受众可以在传统电视节目线性的叙述过程中中断这一过程，以获取更多与节目相关的信息，或者与其他的受众或演播室主持人进行交流，甚至可以选择参与到节目的过程中，选择观看拍摄的角度等。由此，数字电视从收看节目的内容、时间和方式上给受众以自主的选择权。

"受众的积极行为"这一术语假定受众对于传播过程具有唯意志论和选择性倾向。简单地说，受众对于媒介的使用被自己的需求和目的所推动，对传播过程积极参与可能会推动、限制或影响所得的满足和效果。传统的远程教学是以教师为中心的教学模式，教师在教学过程中处于"主宰"地位，学习者则被动地接受教师所传授的知识。由于学生的来源、层次相差比较大，对不同的学生采用同一教材、同一步调的教学方式，很难适应每个学生的要求，这给教学带来一定的难度，也不利于学生个性潜能的发挥，不利于培养创新型人才。而数字电视则非常适合学生的个别化学习，有利于建立以学习者为中心的教学模式，使教师与学习者在教学中的角色发生变化，学生掌握学习的主动权，处于主动、积极学习的地位：学生在选择课程、教师、学习进度、学习方式、学习时间和学习地点等方面享有完全的自主权。

（五）时空的选择性

传统电视有着"黄金时间"的概念，在快节奏的现代社会中，许多人不可能为了看某一个教学电视节目而使自己的时间安排完全固定下来。而在数字电视中"黄金时段就是我的时段"。这一概念的实质是电视从点对面的传播走向点对点的传播，VOD（Video On Demand）——视频点播以及NVOD（Near Video On Demand）——准视频点播技术，彻底改变了传统电视传播在时间上的线性关系。而卫星数字电视信号能够全球范围内覆盖，同样彻底改变地域的限制。数字电视提供的则是一所无形的学校，一切学习活动都可以进行。由于一切资源都是共享的，在任何时候、任何地方都可以进行自由学习，不受时空的限制。数字电视不但改变了学习的时空，同时可以通过数字制作技术改变教学节目内容的时空。比如，生物教学片中"花开花落"的过程几秒钟就可以完成，学生甚至可以根据需要控制其进程的速度，或者远程控制摄像头方向选择不同的观察角度。

（六）服务的个性化

传统电视的播出只能面对大众，不能面对个人。而数字电视的个性化正是体现在向受众提供由其根据自己的需要决定收看电视的方式与内容的服务。传统电视传播过程中的信源一端也无法获得关于每个受众的兴趣爱好的信息，为他们提供满足需要的内容。而在数字电视环境中，受众可以从家中向传播过程的另一端（中央处理系统／服务器或电视台演播室）发出信号，对方就可以根据受众的要求以特定的方式提供特定的内容。这样，数字电视使广播演变成一种个性化的"推播"：根据个人的习惯来推动节目的传播。因此，即使对于同档节目，由于每个受众对内容选择、组合的方式不同，可以获得完全个性化的体验。此外，数字电视提供的视频点播更可以提供点到点的个性化服务。

数字电视远程教育是开放性办学，不但时间、地点不受限制，学习的对象、形式、内容等也都不受限制。学习者可以根据需求自主地选择学习目标、内容、方式、时间、地点等，并根据自己的知识基础、进度进行个别化学习，甚至可以反复学习所学内容，弥补基础知识之不足，克服传统课堂中的被动地位和不顾个体差异的"一言堂""一刀切"等人为现象。数字电视的个性化传播使远程教育中的因材施教真正得以实现。

数字电视的个性化传播包括传播内容的个性化、传播形式的个性化和传播受众的个性化。

如今大众化的电视节目越来越难以满足观众日益加深的个性化需求。"内容为王（Content is King）""服务为首""鲜明的个性求生存"已经成为电视界的共识，"观众需要什么，电视就提供什么"。因此，电视台根据受众的不同喜好将受众划片分类，并纷纷推出一些个性化的服务。首先内容的个性化是频道的专业化，如由中央电视台和中国国际电视总公司共同开办的风云系列频道，"高尔夫网球""天元围棋"等14个数字付费专业化频道，江苏的"靓妆"频道，湖北的"孕育指南"频道，天津的"天视家居"频道等。2004年3~4月，在四川、陕西等地组织的观众调查中，"靓妆"频道被观众评为"最愿意收看的数字频道"，并于该年5月在首届中国数字电视公众评选活动中被评为"最佳节目供应奖"。截至2004年底，国家广电总局共批准开办79套付费电视频道，这些频道都很具有个性化，且每个频道都拥有一批比较固定的受众。其次，内容的个性化孕育了内容供应商的出现，将生产内容的功能从"台"里面分离出来，进行节目的社会化生产，从而不仅使电视节目的数量大大增加、节目内容更加丰富，而且也增加了其他一些个性化很强的增值业务，使传播的内容更为丰富多彩。应用到远程教学上，可以专门成立各科的专业频道，并成立数字电视教材研发机构。

在传播形式方面，VOD、NVOD以及数字电视的存储功能使得观众可以随时即点即看。假如耽误了某个精彩节目的收看，通过NVOD就不会再留下遗憾，因为视频服务器会在一定的数字频道内间隔一定时间重复播放同一节目。如果觉得某段节目特别精彩，甚至还可以"倒带"重看。

数字电视传播内容和形式的不同使受众也由以前的大众化、广域化、信息集中化向小众化（分众化）、区域化、传播信息的个性化转变。电视传播形式由"广播"逐渐向"窄播"转变，传播对象由"大众"逐渐向"窄众"转变，受众的兴趣也从"雅俗共赏"向"雅俗分赏"转变，从而产生受众的分化。从受众的社会生活中表现出的自然属性和社会属性来看，可以把受众分为男性受众、女性受众，老年受众、儿童受众、青少年受众、中年受众，不同职业的受众，不同区域的受众，等等。受众的不同对节目的选择也不同，比如男性一般比较喜欢具有刺激性、跳跃性强烈的内容，女性观众则对感情细腻的内容比较偏爱；老年人喜欢有回忆的内容，儿童则对传播内容充满好奇；农村居民希望获取农业生产知识，城市居民则关注与生活习俗相关的资讯等。

国际开放和远程教育界最知名的研究学生学习支持的专家之一泰特教授在论述学生学习支持领域的转变和趋势时提出"学生是顾客"的观点。"学生是顾客"是英国开放大学所面对的一项重大转变，而这也是其他地方的远程院校所要处理的变化。教育的最终对象是受教育者，"学生是顾客"，顾客就是上帝，为了满足顾客就必须要考虑顾客的个性需求。

（七）范围的国际化

自 1984 年美国新闻署开办"世界电视网"，首次把电视节目推向全球以来，英国广播公司、法国国际电视台等都相继制定并实施发展卫星电视的全球性战略，一些发展中国家也纷纷发射或租用卫星进行电视节目跨国乃至跨洲覆盖。中央电视台从 1996 年开始和美国 3C 集团合作建立"美洲东方卫星电视"，还向美国 CNN 有线电视台提供新闻。中国的电视大战也已逐步发展到海外。

借助数字卫星电视，远程开放教育形成全球化趋势，国际竞争和院校合作正在加强。一些著名的远程教育系统已经实现全球教学，比如法国国家远程教育中心 1999 年已经在 190 个国家拥有 3 万名学生。澳大利亚、美国等国家的远程教育大学正将教育市场扩展到亚洲地区，一些亚洲地区的远程教育大学也正在使他们的教育地区化或国际化。比如马来西亚的电子通信大学已经有欧洲、非洲和亚洲的注册学生，印度的英迪拉·甘地国立开放大学已将其课程发送到波斯湾和印度洋地区。有了数字电视在远程教育中的应用，远程教育规模将会得到跨越式发展。

三、数字电视远程教育应用

数字电视在现代远程教育中有着广阔的应用空间。师生通过电视参与交流，使远程教学信息由单向传播向双向交互方向发展。通过数字电视进行远程教学，学习者可以根据自己的需要选择课程内容进行学习，在教学资源中心调用自己所需的学习材料，甚至控制摄像机镜头方向来控制在监视器上显示的内容，并且能够随意控制学习进度。遇到问题时可向教师请求指导或帮助，也可以与其他学习者共同探讨问题，相互交换意见，还可以参加各类问题的讨论。例如，在观看课程内容的时候，系统可以为用户提供相应的复习或测验的可选列表，通过观看课程视频内容，用户完成所选课程的交互式练习题便可获得成绩，还可以向课程的权威提交测验的结果以获取等级。数字电视还可以与虚拟现实技术相结合，让学生获得身临其境的学习体验。由于学习者处于主动、积极学习的地位，有利于挖掘和发挥学习者的个性潜能，培养创造型人才，真正做到因材施教，每个学生都能获得量体裁衣式的教学。

（一）远程教学

利用数字电视进行远程教学，学员可以按时收看教学电视内容进行学习。在收看教学内容时如果遇到疑难问题，利用 HFC 双向光纤通道通过电视的画中画功能一边收看教学内容一边向辅导教师或其他学员请教，还可以通过数字电视遥控器或者机顶盒键盘回答教师的问题,进行实时交互。如果学员想更进一步了解该教学内容,只要点击电视屏幕上的相关链接,就可以获得该教学内容更详细的资料,如相关的基础知识等。由于数字电视的 NVOD 和机顶盒内置硬盘,学员在听课的过程中可以暂时中断播出甚至"倒带"重播,还可以通过教学信息硬盘保存来做学习笔记。

（二）自主学习

联合国教科文组织教育副总监约翰·丹尼尔（John Daniel）爵士认为,那种仅仅把技术用于传递课堂教学的远程教育是不符合有效性和经济原则的,他把这种模式称为"以教师为中心"的遥控课堂教学。他提出,只有"以学生为中心"的远程教育模式才是有效而符合成本效益原则的。在学生为本的教学理念中,技术运用只是为学生创造一个随时随地都可以学习的良好环境,教学是根据学生的需要而不是教师的需要来选用技术,从而为学生创造一个强有力的学习氛围,因而是有效的。另外,这种方式可以大规模运作,它是遥控课堂方式无法做到的,因此是符合成本效益的。

在数字电视远程教学活动中,教与学的主体已发生变换,教师不再是教学活动的主体,教学形式也不再是由教师主导的课堂教学,学生不再是"魔弹"的"靶子",不是教师教什么便学什么,而是想学什么就可以学什么。从传统电视的单向传播到数字电视的双向交互,"以学生为中心"成为数字电视远程教学活动的主旨。利用数字电视自主学习,学习是按自己的需要、自己喜欢的方式来进行的。学习时间、学习方式比较灵活,学员不需按时收看,可以根据自己的实际情况选择合适的时间进行学习。在这种学习方式中,学员完全掌握学习的主动权,可以根据自己的情况自由选择教学内容、教学进度,学员不再是被动地接受知识,而是积极主动地参与到教学过程中。就像走进"自助式餐厅",想吃什么就吃什么,喜欢吃多少就吃多少,而不是像"大锅饭"那样,大家"吃"同样的东西,造成有些学生"吃不饱",而有些学生"消化不良"。

（三）体验学习

电视数字化以后可以和现在比较成熟的虚拟现实（Virtual Reality,简称 VR）技术结合起来,虚拟地建立起与真实环境相近的学习场景,使学生的学习处于模拟真实的环境之中,从而解决学习媒体的情景化及自然交互性的要求。在虚拟现实环境中,学习者通过头盔式显示器、眼罩等设备把自己的视觉、听觉和其他感觉封闭起来,并提供一个新的、虚拟的感觉空间,并利用位置跟踪器、数据手套使得参与者产生一种身临其境、全心投入和沉浸其中的感觉,让学生在这样一种学习环境中获得亲身体验。

（四）互动参与

南京电视台曾经播出过一档"对抗俱乐部"节目，制作方安排几个富有对抗性质的游戏，节目开始时，电视机前的观众就可以拨打节目的热线电话，当拨打的电话与电视节目现场连通后，电话键盘就成了一个游戏遥控键盘，作为参赛一方，可以在家中遥控电视屏幕上的游戏，跟另一位拨通热线电话的观众进行实时的比赛。这种参与方式跟以往的热线电话最大的不同就在于场外的观众通过这样的参与成了节目的主角。他虽然不在现场，但是现场的所有注意力都集中在他身上，他得到所有人的关注。

"对抗俱乐部"的播出，在当时来说为电视观众的参与性播出做了一个很好的尝试。我们可以模仿这档节目的制作手段，将其理念很好地应用到数字电视远程教学中来。通过数字电视遥控器或机顶盒键盘，学员可以很好地参与到教学的互动环节中来，让身为"观众"的学员也成为学习的"主角"。

（五）教学反馈

传统的远程教育的最大缺点是师生异地分离，教学信息单向传输，师生之间缺乏及时交流和反馈，教师和学员之间很少直接交流，学员有疑难得不到及时解答，使学习兴趣受到影响。虽然网络教育可以解决这一矛盾，但网络中师生的交互是通过人机交互实现的，缺乏师生"面对面"的交流。而数字电视的双向通信功能，可以使师生之间有良好的沟通渠道，学员在学习过程中有什么疑难问题可以立即反馈给教师，获得教师的帮助，使问题得到及时解决。教师可以在学完一个知识点内容后提出一些相关的问题让学生回答，以便及时了解学生对该内容的理解情况，从而及时调整教学策略。通过数字电视，教师还可以收作业并将作业批改情况反馈给学生。

（六）自主选课

相信大家都有过这样的经验，每个礼拜买回广播电视报之后，都要好好研读一下下周电视节目的列表，并且在自己要看的节目上划上记号以防忘记，然后会根据这个时间表安排看自己想看的节目或者决定是不是要把它录下来。这种感觉有点像赶火车，必须在规定的时间内到达，否则就错过了。在这里，电视报扮演的是一张节目单的角色，这些节目都是为观众事前设置好的。而数字电视更像是一个超市，通过电子节目单，观众可以按照自己的喜好组织"购物单"以及"购物时间"。在选择所要观看的节目时，数字电视甚至还提供关键词搜索的功能，对于自己喜爱的频道可以通过遥控器设置保存在"喜爱"栏目内，并且可以预定以及到节目播放时提醒。数字电视应用到远程教育中,电子节目单就好像一个选课系统,学生可以很方便地选择自己要修的课程。

（七）智能管理

通过数字电视还可以进行远程教学管理,例如学员的学籍管理、学分成绩管理、课程管理等。学员可以进行电视注册、课程查询、成绩查询、获取各种通知等。数字电视机顶盒未来的发展趋势是机卡分离,就像目前的手机卡一样。而数字电视智能卡则可以作为账号身份认证以及电视银行,起到上缴学费的作用。

第四节 人工智能在偏远地区远程教育的应用

两会以来我国一直在推进义务教育均衡发展,如果能够将 AI 技术应用到偏远地区的远程教育中去,中国很多偏远地方区"缺师少课无管理"的情况将会得到改善。AI 技术可以模拟人类专家的思维过程,求解只有需要人类专家才能解决的问题,使偏远地区的孩子能够拥有跟城市孩子一样的教学条件,体现教育的公平性,使我国的教育能够平衡发展。

AI 技术应用于偏远地区远程教育中去突出了以人为本的教育目的,主张因材施教,提高学习效率,并通过智能算法优化远程教育课程资源,能够从某种程度解决偏远地区远程教育资源建设及网络教育平台不足等问题。远程教育在普及教育的公平方面已经做出了很大贡献,但人工智能下的偏远地区远程教育将更大限度地改善目前偏远地区教育资源缺乏对社会的影响,做到推进义务教育均衡发展,让教育变得更加公平。

一、我国偏远地区远程教育存在的普遍问题

（一）缺师少课无管理

由于长期以来我国经济发展不平衡、城乡发展不均衡,导致了城乡教育水平的失衡。偏远地区条件艰苦,教师数量少,以至于造成了偏远地区师资力量薄弱、学生课少管理差的现状,渐渐地偏远地区的学生没有城市学生学习兴趣浓厚,对待学习失去了原有的热情,相比之下,也导致了偏远地区的学生与城市学生学习之间学习成绩相差悬殊。

（二）教学资源建设不足

据大量的研究资料表明，由于偏远地区师资力量的短缺，通常偏远地区的远程教育教师都是非专业人士，这就导致了教学设备搭建不完善，教学设备无法按时维护，教师不能够及时设计出适合自己学生的教学资源。而此时城市的远程教育发展已相对成熟，且拥有了优质的教学资源，若将现有的教学资源应用于偏远地区的远程教育课堂上，在教学过程中则会发现与我们学生的学习现况不符，即教学资源的缺乏成为我国偏远地区教育发展的又一难题。

（三）教学设计不完善

课前，教师按照自己的意愿想法设计教学，忽略了远程教育的教学设计，传统的教学模式教法单一，没有体现使学生积极参与、主动选择的思想，无法激发学生学习热情，没有使学生参与其中，对学习个体的个性化设置和适应性教学不够，导致学习效率低。课堂时间有限，教师无法对每一个学生的问题都一一进行作答，学生之间不能很好地互相协助学习，无法激发学习者的学习兴趣，培养学生合作性和研究创新性的教学设计较少，在网络课程中缺少应用人工智能。课后，学生作业无人辅导，学生完成作业时遇到的问题不能及时反馈给教师。

三、人工智能在偏远地区远程教育的应用形式

（一）智能教学平台

课前教师通过智能教学平台进行备课，可与全国各地教师实时共享教案从而更加方便地制作教学课件。课前利用智能教学平台将自己的预习材料例如一些视频和习题等推送至学生的个人学习空间，然后通过观察学生的学习轨迹，掌握学生在学习过程中的难易点从而进一步完善教学计划。课堂上，教师可通过移动终端连接教学平台与学生进行实时互动，全面地为学生进行答疑。智能教育平台的弹幕互动功能，使得每一个学生都参与其中，充分提高了学生的学习效率，教师可准确地知道学生对知识点的理解程度；智能教学平台会根据学生自身的学习情况，随机进行不同题目的测验，促进了学生的个性化学习。课后，教师在智能教育平台发布课后作业，学生也通过平台完成学习任务，教师能够及时在线批改。智能教育平台强大的数据分析功能，将同学们的学习情况及时反馈给教师，继而教师就会强化学生的薄弱环节，做到真正意义的因材施教。

（二）智能化学习软件

有效的学习软件可以促进学习者主动学习，例如在学生英语单词训练时可利用智能学习软件与好友组织协作学习，好友 PK、相互批改，增加了学习互动，也提高了学习者的学习积极性。随着图像识别技术和语音识别技术的发展，越来越多的拍照搜题类和语音测评类的个性化学习工具被应用于教育领域，成为辅助中小学生课外学习的好帮手。例如，猿搜题、学霸君、百度作业帮等，这些软件不仅可以识别机打题目，对手写题目的识别正确率也越来越高，在很大程度上提高了学生的学习效率。这些学习软件作为学生学习的帮手，让学生做作业的过程变得更加轻松，从而让学生更加主动积极地去完成作业，进而促进学生的学习，让偏远地区的孩子享受平等的教育。

（三）教育机器人

教育机器人在远程教育中的应用主要是面向我国偏远地区儿童，由于父母长期在外打工导致儿童早期教育被忽视，从而使孩子的教育输在起跑线上。而益智类教育机器人的陪伴功能不仅弥补了偏远地区儿童早期教育的缺失，也使得儿童的教育更加多样化，相较于有固定学习任务的教师，机器人更易获得儿童的好感。陪伴类教育机器人会根据孩子的年龄和兴趣，进行陪伴学习，激发儿童的学习热情和好奇心；陪伴类教育机器人在制定学习任务、引导学习互动、调节学习情绪方面对学习者发挥了极大作用，能够更好地培养儿童的语言表达能力、创造力以及想象力，这些能力的发展对于认知阶段的儿童发展格外重要。

由于我国偏远地区学校和城市学校的教学水平存在着较大差距，导致偏远地区孩子和城里孩子文化水平的差异。所以把人工智能技术应用到偏远地区的教育中去，遵从了我国"推进义务教育均衡发展"的政策，推进了偏远地区教育的发展，解决偏远地区学校师资和教学质量较低的问题，辅助当地教师教学，促进偏远地区学生学习，减轻当地偏远地区家长课后作业辅导压力。未来智能化技术会贯穿教育的教、学、练、测、评、管等所有环节，大数据、云计算、区块链会成为所有教育应用的底层技术，教育的数字化、移动化、智能化将成为普遍的规律。这一天已经临近，未来已来。

第五节　计算机远程教育中交互性教学的应用

随着我国科学技术的不断发展，计算机在教育行业中得到广泛的应用，我国计算机远程教育的发展情况也随之提升很多，交互性的教学在其中具备了一定的作用。主要还是离不开我国信息技术的发展，这对于我国计算机远程教育水平的提升也带来巨大的改变。本节主要根据计算机在远程教育中交互性教学的应用进行深入的研究与分析，从而提供给需求者一些借鉴和参考。

随着电子信息化时代的到来，很多学生对于网络教育的需求越来越强烈，计算机远程教育可谓是今后教育行业发展的主要途径，同时也是素质教育组成的重要部分。由于网络的普及，很多信息在网络上都是透明体现的，以此提供给计算机远程教育更广阔的设计空间，通过交互性的教学全面提升学生们对于学习的兴趣，从而保证学生们获得更多学习方面的资源。所以说，在计算机远程教育中提倡交互性教学具有一定的作用以及意义。

一、在计算机远程教育中开展交互性教学的主要意义

采取交互性教学不仅可以提高学生们对于知识学习的效率，同时还能培养学生们完成自主学习的能力，这对于教学而言具备很多优势。不仅如此，在计算机远程教育中开展交互性教学还能增加一些学习的情感因素。在传统的计算机远程教育中，学生基本上都是观看教师提前录制好的视频开展学习，这种学习方式不仅枯燥乏味，对于教师的教学质量也没有任何针对性的改善，从而大大影响了教师的教学效果。利用交互性的教学理念在计算机远程教育中充分发展，以此促进教师和学生以及学生和学生之间在网络上的互动与交流，这不仅能够有效激发学生们对于学习的兴趣，同时还能优化整体教学质量与效率，确保学生们在远程教学的过程中获得更多的知识。当然，开展计算机远程教育的交互性教学还能对教师提供一种检验，促使教师可以更加明确了解所采取的教学方式是否具备科学性以及高效性，然后针对其中出现的问题对教学方式进行整改。

二、在计算机远程教育中开展交互性教学的主要功能

在远程教育的开展期间，采取交互性教学具有非常重要的作用。通过多媒体的结合让学生们得到更多学习资源，从而激发学生们视觉以及听觉上的感受，以此加强自己的理解能力，并提高自己实际的学习能力。另外，通过交互性的教学可以确保教师更准确地掌握学生们的实际学习进度，以此了解学生们在学习过程中遇到的问题，结合这些问题对学生开展针对性的指导。同时制定具备合理性以及科学性的学习计划，在实际课程教学中对学生进行有效的调节，从而促进教学质量以及教学效果的整体提高。

三、在计算机远程教育中开展交互性教学的主要应用

（一）全面展现教师的引导作用

将传统的课堂教学和计算机的远程教育进行比较，其中最大的区别就在于教师和学生之间的关系是分开的，学生不单单作为学校实际存在的学生，同时也能作为分散在各个地方对于知识有需求的人，在这个过程中，学生们对于知识要点的掌握自然是不同的。这也就意味着，只有充分发挥教师在计算机远程教育中的作用才能真正体现计算机远程教育工作的重要性。对学生开展学习的引导工作，主要可以从教学对话的形式着手，这可以完全体现交互性教学的重要性。不仅如此，在开展计算机远程教育交互性教学期间还需要不断引导学生们学会自主学习，这里所说的自主和自由完全是两个不同的概念。所谓的自主学习是需要通过教师的正确引导才能完成的，同时还要通过一系列的启发和诱导，在最大程度上消除学生们心中对于学习的障碍，以此接受更好的计算机远程教育，并真正热爱计算机远程教育，这样才能真正融入网络的教学环境中并完成深入的探讨。简而言之，教师在开展计算机远程教育期间建设属于自己的网络主页，将教学中所需要的课件以及资料等发布到自己的主页，同时通过信息的交流以及帖子的回复去探讨有关于学习方面的内容，从而引导学生们主动参与网络教学的活动。通过运用这种方式，对于教师而言不仅可以正确了解学生们对于知识累积的程度以及范围，同时还能在学生身上发现自己的教学问题以及在教学过程中存在的不足。

（二）对学生在计算机远程教育中的主体地位引起重视

在计算机远程教育中教师和学生是被分离开来的。和传统的课堂教学相比，教师和学生之间的情感并不深厚，教师在教学中可能会对学生产生偏见，学生在学习的过程中对于教师的信任感相对也比较低。不仅如此，在开展计算机远程教育期间，一旦学生提出学习方面的问题，教师对待问题的态度不够积极以及认真，随着长时间的发展，学生的心理会产生不安的情绪，有时甚至会直接影响学生对于学习的积极性以及热情。针对这些情况，教师首先需要做的就是加强重视计算机远程教育的主体地位，尽可能地在第一时间准确回答学生们所提出来的问题，让学生们自己感受到教师对于远程教育的重视程度，从而打造良好的网络互动，以此充分调动学生们对于远程学习的积极性以及提高自己的实际学习效果。

（三）通过网络媒体优化远程教育的交谈与辅导工作

在计算机的远程教育中，教师和学生之间这种分离式的状态是主要的特点。虽

然这两者是分离开来的，但是给素质教学提供了无限的可能性，不过对于教师的辅导工作以及交谈工作带来巨大的挑战。和传统课堂教育相比，教师们没办法时时刻刻都陪伴在学生的身边，这对于及时发现问题带来一定的限制，同时也代表不能及时开展解决工作。所以说，在开展计算机远程教育中教师需要格外重视这个问题，并学会利用网络媒体的交互能力去实现分离状态下的交互性教学。随着网络通信时代的到来，教学方式变得越来越便捷，通过计算机进行远程教育同样也可以完成学生和教师之间的实时交流以及做好教师的辅助工作，从而促进教师教学的良好发展和网络教学的良好发展。简而言之，在实际的远程教育中，教师可以通过 QQ、邮箱以及其他交流平台的利用进行交互性的教学，这样不仅可以及时了解学生们的学习动态，同时还能详细了解到学生们的学习效果，对于学生在学习过程中遇到的问题进行线上的讲解，从而促进教师和学生之间的进一步沟通。就因为网络上开始涌现各式各样的交流工具，才能打破传统的课堂教学，从而宣传计算机远程教育的交互性教学，并促进学生和教师在网络上进行交流的可能性，以此增加计算机远程教育中交互性教学的形式与内容。除此之外，为了能够让学生们真正接触到网络并将传统的教学方式顺利转变成网络教学，同时促使他们喜欢上网络远程教育，这样才能有效激发学生们对于学习的兴趣以及信心，将原本较为被动的教学转变成为主动的教学，这对于提高计算机远程教育的质量以及效率具有一定的作用。

（四）鼓励学生通过网络平台进行学习上的交流

通过网络平台去提高学生以及教师之间的交流，这两者虽然不在同一个地方，但是只要存在网络的地方就能协助他们进行交流。在远程教育的开展工作中，对网络进行操作是其中最为简单的一项工作，学生们可以轻易上手，通过网络平台对学习中遇到的问题进行交流，并保证每一位学生都能得到发言的机会。这种交流方式可以有效促进学生之间吸取互相的经验，从而完善自己的思考，对于提高学生们的学习效率具有非常大的帮助。

总而言之，本节主要通过对计算机远程教育在交互性教学中的应用开展相应的研讨与分析，促进更多的教师以及学生全面了解网络远程教学的意义与作用。在交互性教育中采用网络媒体进行教育仅仅是其中最基本的特征，通过计算机远程教育开展交互性的教学主要是为了认清教学的主要目标以及教学的主要对象。就空间的差距而言，这在交互性教学中起到的作用并不大，只有有效促进学生在计算机远程教育中感受到人和机器的情感交流，学会体验以及融入学习，才能有效提高自己的学习能力，同时确保通过计算机收集到更多的知识资源，从而提高自己的学习效率和成绩。

第六节　扩展现实技术及其在远程教育的应用

扩展现实（Extended Reality，XR）可概括为虚拟现实（Virtual Reality，VR）、增强现实（Augmented Reality，AR）及混合现实（Mixed Reality，MR）等一系列技术的总称，就是通过传感器为人类实现虚拟世界与现实世界的信息交互融合技术的集合，包括视觉、触觉、听觉、嗅觉。扩展现实在经济各个方面发挥作用并蓬勃快速发展，有分析指出人机协作可不断提高生产力，尤其在医疗保健和社会服务、制造业和建筑业中，可以增加30%。通过扩展现实与人工智能、大数据等结合实现数字孪生，可进行生产过程仿真、实训仿真，创建智慧园区、智慧城市等，实现智慧管理可视化，让使用者沉浸于虚实融合的平行世界。扩展现实依靠云计算、边缘计算、深度计算等技术，还可实现运算优化、传输优化、环境感知。

随着5G技术应用与发展，边缘云渲染、高质量渲染、高刷新率渲染等不再受基带瓶颈限制，扩展现实能为使用者带来更好的移动体验。教育领域中，扩展现实不仅可以拓宽现实环境中与教师的交互，提高教学方式的互动化与智能化，还极大增强了知识的可视化、形象化。

《教育信息化2.0行动计划》中指出，要适应网络技术发展，服务全时域、全空域、全受众的智能学习，以示范性虚拟仿真实验教学项目等建设为载体，加强大容量智能教学资源建设，加快建设虚拟工厂等智能学习空间。XR技术与教育的深度融合，已成为教育变革创新的一大课题。

一、扩展现实技术发展及特点

（一）虚拟现实的发展及其特征

1935年，小说家Stanley Weinbaum在其撰写的小说《皮格马利翁的眼镜》(Pygmalion's Spectacles)中描述了一款眼镜为基础的VR眼镜，其有视觉、触觉、嗅觉等全方位沉浸式体验的虚拟现实概念。由于早期人类科学技术限制，虚拟现实经历了其原型机阶段、技术积累阶段。直到1990年，虚拟现实技术才真正开始向应用转型。从2016年——虚拟现实元年至今，基于数字技术的虚拟现实设备已集成化，并已结合互联网等技术逐步扩展其应用范围，进入虚拟现实的全面爆发阶段。

现如今，VIVE（HTC）、Oculus Rift、Gear VR（Sumsung）等主流的HMD（Head-Mounted Display）设备已实现强大的内容交互体验。而以Cardboard

（Google）等基于智能手机的原型设备，只能够实现 3D 眼镜功能，实现全景、双目媒体展示等。

以 VIVE 为例，其设备定位布局不止在文化（娱乐传媒）产业，还在文化（艺术）、教育等产业有所深入，并已融合会议、协作等功能。综合利用数字图像处理、声场声音处理混合及各类感应设备数据处理，在与现实世界隔绝的封闭式设备系统中生成实时交互三维环境，通过设备取代用户的现实世界视觉、听觉感官，以创造沉浸式体验环境。因此，其特征为沉浸性、交互性及构想性。虚拟现实技术还称为灵境技术，因为其完全沉浸封闭，严重限制了用户在现实世界的移动性。

（二）增强现实的发展及其特征

增强现实早期应用以 HUD（Head-up Display）平视显示为主，用作以驾驶员为中心的盲操作、多功能仪表盘光学透视显示器（Optical See-Throught）系统。随着感应设备的发展，VST（Video See-Throught）视频透视技术逐渐普及在智能设备中。通过成像器件（感光元件）、陀螺仪、重力感应器等对现实世界的图像、运动（位置及方向）、重力等数据的捕捉、识别处理，将虚拟物按照自然规律（三维注册）融合实时互动显示。

（三）混合现实的发展及其特征

混合现实实际产生在虚拟现实与增强现实的基础上，它融合了虚拟与现实，能够保证实时可视化环境中虚拟及现实中对象共存、互动。虚拟对象完全依照现实世界位置、大小等物理属性同步，同时进行现实世界中的对象感知，将虚实对象进行注册实例化及数据关联。混合现实设备现以 Hololens（Microsoft）、Magic Leap One（Magic Leap）为代表，以视觉感知为主。Hololens 其定位在工业，可实现远程协同、实训指导等。

扩展现实可追溯到 60 年代，1961 年 Charles Wyckoff 为记录原子实验，便开发出能够使人类观看超出常规视野事物的摄影技术及专利，还将 HDR（High-Dynamic Range）图像处理技术与之结合。之后，Unity 公司明确了涵盖性术语"扩展现实"，包括虚拟现实、增强现实、混合现实。

针对现有技术构成展望，扩展现实技术的实现技术包括感知追踪、数据及处理、输出系统及技术环境。

二、扩展现实在远程教育中的应用

(一)扩展现实技术在教育领域的应用

扩展现实技术在教育领域,主要集中在虚拟现实和增强现实两个方面,并已积累了大量案例,内容则以知识教育、技能培训等为主,层次目标以小/初/中/K12及通识为主。应用方式上,一是依靠各自生态链构建的软硬件系统来构建模块化内容并实现学习体验,二是通过扩展现实通用开发框架进行开发内容,以通用操作系统应用程序的形式在HMD、AR眼镜或智能设备中执行实现交互体验。通用开发框架包括Unity XR、UE XR、Web XR等。

(二)扩展现实技术的远程教育应用场景分析

1.职业教育

因为扩展现实技术本身的沉浸性等特点,如机械、建筑工程、室内设计、土木工程、旅游、汽车、数控技术、艺术设计等方面内容具备良好的交互特征,尤其在大型设备等特种作业实训方面体验明显。以化工机械为例,学员用户通过使用远程教育平台XR内容不受地域、时间限制进行交互学习,进行虚拟拆装、运动仿真等。通过内容程序化设定及对学员操作流程监控,可实现程序自动化,考核其操作规范程度。XR内容还可包括在线故障实操,通过振动形变、声响及其他特效等实现故障模拟,从而有助于激发学员学习兴趣,通过网络实时小组合作,还可以实现多人协作。与此同时,还大大降低培训机构购置设备的教学成本。

2.老年继续教育

针对老年继续教育,因设备如HMD存在笨重无法长时间佩戴、造价昂贵等问题,扩展现实技术应用更多的应该在于艺术设计、通识知识等方面的传授。如艺术设计方面,可以通过平台设计出艺术品后,进行3D打印或4D打印,实现虚拟设计的真实物创造。针对与职业教育相同的专业内容,可在职业教育内容基础上调整,实现相同专业方向不同教育对象的内容差异化应用。

3.特殊教育

特殊教育学员在肢体、感官、心理等方面都存在缺陷或障碍,那么通过采用不同感应设备,可以实现个体差异化应用。比如患有孤独症谱系障碍(Autism Spectrum Disorder, ASD)的学员对象,一般其存在交流、互动、想象三方面能力缺失。扩展现实技术的沉浸性可为其治疗干预提供内容可控的交流,互动性提供了反馈可测的互动,想象性提供了泛化想象空间。针对语言功能障碍的学员,通过实时在线语音识别文字进行专业内容学习,并可进行实时哑语手势识别,提高其社会信息交流能力。扩展现实营造的学习资源和学习情境,更易于填补其感知不足辅助认知。在未来,部分生理缺陷群体将能够通过扩展现实技术弥补真实世界的感知缺陷。

4. 智慧智能学习环境

智慧学习是学员按需获取学习内容,个性化开展学习活动,快速构建自己的知识网络与人际网络的学习过程。作为涵盖沉浸式技术的扩展现实技术,远程教育平台可通过其对学员个体各类生理数据、环境感知数据的获取,实现个体交互式学习活动计划设定;也能够通过学员学习行为、内容关注度等不同维度监测构建学员学习画像,为学员智能无缝地提供符合需求导向的学习内容。

随着扩展现实技术的发展,结合云计算、人工智能、大数据等,在教育阶段中全覆盖并会延伸到终身教育,其在远程教育中的发展前景也会越来越广。扩展现实技术的广泛应用,对于"发展未来学校""智慧课堂改革"具有重大意义。远程教育资源利用最大化、学习行为自主化、教学形式修改化、教学管理自动化等优势,结合扩展现实技术后,势必会掀起远程教育学习热潮。

第七节　计算机网络远程教育的应用
——中外合作办学的启示

计算机网络远程教育是在信息技术条件下产生的一种新型教育模式,它真正实现了以学习者为主体、在线交互、系统教学。目前国内在实行计算机网络远程教育方面,主要有三种模式:基于有线电视系统的模拟信号模式、基于卫星信号系统的通信模式、基于互联网基础上的网络应用模式。要做好计算机网络远程教育,就必须拥有强大的师资力量,以及完善的设施、教学机制和教学资源,这样才能确保计算机网络远程教育正常运行。

计算机网络远程教育是在信息技术条件下产生的一种新型教育模式,是基于计算机网络、电信网络和卫星网络而建立起来的一种模式,它利用计算机网络和多媒体技术等,真正实现以学习者为主体、在线交互、系统教学。计算机网络远程教育突破了广播电视教育等传统的远程教育模式,将计算机辅助教学 (CAI) 和因特网 (Internet) 相结合,使计算机网络远程教育成为现代教育的新趋势。

一、远程教育的发展历程和特点

到目前为止,远程教育已经历了三个阶段:

第一个阶段是函授教育阶段,通过这种形式使教育者达到受教育的目的,但这种教育存在诸多弊端,不能充分和合理利用资源等。

第二个阶段是广播电视教育阶段,即电视大学,利用电视等媒介进行广播式的教学,这种方式也存在一些不足,不能进行实时交互。

第三个阶段是利用计算机网络和多媒体等技术形成的计算机网络远程教育阶段。这种远程教育的突出特点在于能将丰富的教学、教育资源提供给受教育者,实现交互式学习等。

计算机网络远程教育的特点在于:

计算机网络远程教育可以使学生和教师处于分离状态,教师和学生可以不受区域和时间的限制,学生可以自由选择任课教师和课程。

应用各类多媒体技术和通信技术,把教师和学生联系起来,使联系方式更加多样化,促使老师和学生之间的交流更加紧密。

为学生提供交互式的学习和交流,使老师与学生、学生与学生之间的交流和学习更加顺畅,打破了传统课堂的面对面的学习方式,而这种远程教学是非面对面的。

教师的授课内容可以被录像录音,并且存储,学生可以自寻时间进行学习,并且学习者可以作为个体进行学习,这种个体可以不受年龄和群体的限制,从而打破了传统教育模式的群体学习和年龄年级的限制。

二、计算机网络远程教育的实现模式与实施方案

计算机网络远程教育是建立在现代科学技术的快速发展和多媒体技术广泛应用的基础上,针对国际教育实现的相对性而出现的新型多媒体教育系统,这其中包含通信系统、终端应用设施和教学资源数据库三部分。目前国内在实行计算机网络远程教育方面,主流的实现模式大致有三种:基于有线电视系统的模拟信号模式、基于卫星信号系统的通信模式、基于互联网基础上的网络应用模式。

(一)基于有线电视系统的模拟信号模式

国内的有线电视网系统以 750 MHz 的模拟信号带宽入户,按照每个有线电视台至少播出 30 多套节目计算,并且一个 PAL 制式的模拟电视频道占用 8 MHz 左右的带宽,这样共计占用 250 MHz 左右,经过简单计算,入户带宽 750 MHz 减去 250 MHz,那么,显而易见,余下的约 500 MHz 左右的带宽是可以通过高速传输多媒体

资源进行有效利用的。基于有线电视系统的模拟信号模式，在实现远程教育中可以粗略地分成两种，即简单的一维单向传输和复杂的多维交互式传输。前者采用的是比较传统的应用方法，而后者采用的是现代多媒体的 VBI 技术。

（二）基于卫星信号系统的通信模式

基于卫星信号系统的通信模式是在现代科技发展基础上，结合目前卫星通信技术，采用了卫星技术中的单向子站和双向主站、转接中断器以及在通信过程中使用的通信信道等技术，这些是此种模式的基本组成部分。基于卫星信号系统的通信模式通过双向主站，根据上行通信频率传输教学资源给转播卫星，转播卫星根据收到的上行通信频率传输来的教学资源，再以下行通信频率发送给其他各子站卫星，那么收到教育资源的各子站卫星可以直接使用普通电视系统接收和应用。可采用卫星的宽带功能和卫星线路两种方式，前者是以单向影音教学为主，后者是通过卫星线路进行教学的交互。

（三）基于互联网基础上的网络应用模式

此种模式是指把计算机网络作为传输信息的媒介，在 Internet 接入的基础上，实现远程教学的具体教学培养目标以及所要讲授的课程计划和内容的发送和接收。此种模式在一定意义上是一个功能强大并且开放的实时远程教育系统。这种模式特色鲜明，具体表现为在教学方面生动形象，局限性小，不受时间和空间的干涉；在教学过程中具有非常鲜明的实时互动性，可以有效地激发学生参与教学的主动性和积极性；教学内容可以以图文并茂形式展现给学生，并通过互联网把这些教学资源进行双向实时有效的传输，体现了这种远程教育模式的优越性和实用性。

基于互联网基础上的网络应用模式采用的是 C/S（客户 / 服务器）模式，系统服务器是远程教学资源的信源，而信道就是因特网。这种模式可以采取两种类型，即同步式和异步式。前者的教学是通过一种实时双向的交互方式进行网上教学；后者则是通过计算机技术中的数据库存储技术，将教学资源大量地保存在服务器当中，这些教学资源可以有效长期地提供给教师和学生，只要有互联网的地方，就可以轻松地登录服务器进行学习和下载教育资源。

（四）计算机网络远程教育的实施方案

经过多年的 Internet 信息化建设，国内各大院校已经基本上实现了 10M/100M 校园自适应以太网，他们大多采用四层的逻辑结构，即网络接入层、楼宇汇聚层、分区汇聚层、核心层，并且拥有百兆的电信网络出口和教育网出口。正如高校当中某个办公楼的全部办公室都归属于同一个内部子网,这个子网中有 200 台主机,那么学校的网络中心可以提供内部网络和外部网络交互访问的权限,也就是说 Internet 互联网络可访问校内 Intranet 网络,反之,校内 Intranet 网络可以访问 Internet 互联网络,这种方式的网络接入和访问完全符合国内外院校实行过程教学的硬件设施和网络条件。

那么,以沈阳工程学院 (以下简称 SIE) 国际教育学院与加拿大红河学院 (以下简称 CRC) 合作办学并开展的计算机网络远程教育为例,两校的网络远程教学在技术上并不存在难度和风险,但是存在一定的现实问题,即两校归属不同国度,距离较远,空间跨度太大,并存在时间差异,如果采用同步式远程教学模式,其教学质量和教学资源的利用率肯定会低于采用异步式模式,因此必须采用异步式远程教育模式,这样才能充分利用教学资源,保障远程教学的质量。

在这种异步式计算机网络远程教育模式中,需要硬件和软件两个部分的保障。硬件保障整个远程教学具体设备的运行情况,而软件则是保障基于硬件之上的可操作性和应用性。SIE 国际教育学院硬件设备主要包括:

应用层的终端设备,如简单的 PC 机等,主要满足教师和学生可以从不同的设备进行与网络的上传与下载,通过与网络的连接,达到第一层次的操作与应用,一般指终端计算机经路由等中继设备接入网络并用于登录服务器来访问资源。

路由中断等交换设备,这一层次的网络设备是整个网络连接的枢纽,其中主要使用的网络设备有路由器、主干交换机和分支交换机、中断器以及用于保障各种网络设备进行连接的传输介质。例如:光纤、双绞线和同轴电缆等介质,通过传输介质的连接组成高校内部的校园网络。另外,在新兴的传输介质中还包括目前广泛使用的无线网络 (WIFI),可以在高校内部的各公共区域创建多个网络热点 (Hotspot),用户通过与热点相连接,实现资源的共享;还有蓝牙 (Bluetooth) 无线传输等。

网络服务器设备,这类设备用于提供教学资源与用户登录等各种信息,是计算机网络远程教育中的重要设备之一,是一种大型的数据库,能够保证远程教学的正常运行,这种数据库内涵了文件传输服务器 (FTP Server)、邮件服务器 (E—mail Server)、网页服务器 (Web Server)、域名服务器 (DNS Server) 以及在教学过程中经常使用的视频点播服务器等。

网络多媒体教室,可以为教师和学生提供集中进行网络学习的教室。在这种教室中有教学必备的投影仪、音响、耳麦、话筒等设备,能有效地保证教师和学生一人一台计算机,同时,允许学生在宿舍、教学楼等场所随意采用远程登录方式进行网上学习。

与此同时，CRC 学院必须具有必要的网络接入设备，在网络上实现与 SIE 国际教育学院互通，并且提供远程教学的教学资源，这包括多媒体课件的制作与开发、网络教学资源的录制、教学音视频的采集等，并负责这些教学材料的上传等。在软件方面，分为系统软件和应用软件两大类。系统软件包括操作系统、学校网站、后台数据库、多媒体播放软件等；应用软件则包括异步式远程教育模式中所必须的诸多多媒体功能，例如：音视频点播系统、文件的上传与下载系统、电子公告板和论坛、办公自动化系统、多媒体电子教室管理软件等。其中，音视频点播系统和文件的上传与下载系统主要提供给学生在线观看或下载课程资源等；电子公告板和论坛系统主要让教师与学生能够在不同的时间双向交流，以提高教与学的质量；办公自动化系统主要用于教师对学生在线提交的作业进行修改与批复等多重功能；多媒体电子教室管理软件主要用于管理多媒体网络教室，供学生集中学习网上课程，这其中有提交作业、在线举手等功能。上述应用软件系统就均采用 B/S(浏览器 / 服务器) 架构。

异步式远程教育模式的实施方案符合 SIE 国际教育学院中外合作办学项目目前发展的实际要求，结构简单、费用较低、易于管理，必将进一步提高 SIE 国际教育学院中外合作办学的质量和水平，优化教育服务平台，从而为 SIE 国际教育学院的发展战略服务。

三、计算机网络远程教育对中外合作办学的启示

正确合理的远程教育合作办学目标定位。目前社会对远程教育合作办学获得的证书认可度不高，这样就造成了学生就业率较低。而问题的关键在于我们开展远程教育模式的初期就没有提出合理的目标定位，从而造成在现实操作中的诸多不足。当前的任务是要改变人们的传统错误观念，应该认识网络远程教育的科学性和正规性。

提高授课教师素质。授课教师素质的提高是做好计算机网络远程教育建设的关键，教师应该严格要求自己，加强对网络远程教育模式的认识，不能以传统教育模式进行网络远程教育和要求学生。教师必须采用新的教学手段和方法、理念来适应计算机网络远程教育。如果教师的综合水平达不到网络远程教育的要求，那么肯定会影响网络远程教育的质量，因此，必须提高授课教师的综合素质。

课程设置。为了适应学习者的多样性和多层次性的特点，网络远程教育课程设置在内容上应该分门别类，并且根据不同年龄段的学生设置不同的课程，使不同的学生群体有其年龄范围内的技能水平，在攻取的学位上应该有适应各种级别的

证书。

教育资源。计算机网络远程教育必须组建专门的开发团队,完成策划、设计开发和制作等网络远程教育所需的各项工作,充分利用图书馆资源、因特网资源及多媒体资源,发挥各自的优势。在资源的整合上应该趋于完善化和优质化,避免闭关自守、各自为政的现象,只有集百家之所长,资源共享,优势互补,才能真正开展好网络远程教育,并给中外合作办学带来好处。

教学质量保证。教育质量保证体系的建立和完善是远程教育高质量发展的基础性保障。教育质量保证的组织体系要能涵盖远程教育工作的各个方面,而且必须定期地对已开展的网络远程教育内容进行质量检查和评估,严防教学质量问题的发生。

总之,计算机网络远程教育的应用,势必会对中外合作办学带来诸多利益。要想让社会认同计算机网络远程教育,就必须从教学质量和质量认证抓起,只有拥有强大的师资力量和教学质量、完善的设施、教学机制和教学资源,才能确保计算机网络远程教育正常运行。

参 考 文 献

[1] 覃文飞.基于校园网络的互动式教学平台的设计探讨 [J].大众科技，2012(3)：203-204.

[2] 王焕金.在计算机远程教育中交互性教学的应用研究 [J].信息与电脑：理论版，2012(7)：204-205.

[3] 刘媛,李冰立.交互式计算机远程教学在农村中的应用 [J].出国与就业：就业版,2011(5)：83,90.

[4] 孙海龙.试析交互性教学在计算机远程教育中的运用 [J].计算机光盘软件与应用,2012(1)：196-197.

[5] 张艳宁,姜学锋,杜承烈,等.并行交互教学模式在程序设计课程中的应用 [J].计算机教育,2013（1)：73-76.

[6] 贺佃忱,董运来.基于计算机平台的交互式教学模型研究 [J].沈阳师范大学学报 (自然科学版),2017(4).

[7] 罗玉媛.创建学习型现代远程教育校外学习中心的几点思考 [J].教育教学论坛,2017(38).

[8] 曹誉竞,朱佳轩.计算机职业教育教学中交互性教学的应用研究 [J].网络安全技术与应用,2014(5).

[9] 张艳宁,姜学锋,杜承烈,刘君瑞.并行交互教学模式在程序设计课程中的应用 [J].计算机教育,2018(1).

[10] 王广新,杨晓娟,陆宏.网络远程学习者学业求助行为的影响因素分析 [J].中国电化教育,2015(9)：48-55.

[11] 刘佳."直播 + 教育"："互联网 +"学习的新形式与价值探究 [J].远程教育杂志,2017,35(1)：52-59.

[12] 李伟闽,王迪,陈丽苹,陈文静,杨岭.我国现代远程教育的发展误区与定位厘清 [J].成人教育,2019,39(12)：17-23.

[13] 李卫江.网络环境下远程教育研究性学习模式探究 [J].江苏高教,2007(1).

[14] 马良生.论发展现代远程教育 [J].江苏高教,2000(2).